浙江树人学院专著出版基金资助出版

政府补贴策略对绿色供应链决策的影响研究

Research on the Effect of Government Subsidy Strategies on the Decision-making of Green Supply Chain

卢超　吴捷　许舜 / 著

中国财经出版传媒集团
中国财经经济出版社
· 北京 ·

图书在版编目（CIP）数据

政府补贴策略对绿色供应链决策的影响研究 / 卢超，吴捷，许舜著. -- 北京：中国财政经济出版社，2025. 6. -- ISBN 978 - 7 - 5223 - 3895 - 8

Ⅰ. F259. 22

中国国家版本馆 CIP 数据核字第 2025WL8440 号

责任编辑：彭　波　　　　责任校对：张　凡

封面设计：卜建辰　　　　责任印制：史大鹏

政府补贴策略对绿色供应链决策的影响研究

ZHENGFU BUTIE CELÜE DUI LÜSE GONGYINGLIAN JUECE DE YINGXIANG YANJIU

中国财政经济出版社 出版

URL：http：//www. cfeph. cn

E - mail：cfeph@ cfeph. cn

社址：北京市海淀区阜成路甲 28 号　邮政编码：100142

营销中心电话：010 - 88191522

天猫网店：中国财政经济出版社旗舰店

网址：https：//zgczjjcbs. tmall. com

涿州汇美亿浓印刷有限公司印刷　各地新华书店经销

成品尺寸：170mm × 240mm　16 开　9. 75 印张　125 000 字

2025 年 6 月第 1 版　2025 年 6 月河北第 1 次印刷

定价：78. 00 元

ISBN 978 - 7 - 5223 - 3895 - 8

（图书出现印装问题，本社负责调换，电话：010 - 88190548）

本社图书质量投诉电话：010 - 88190744

打击盗版举报热线：010 - 88191661　QQ：2242791300

前　言

绿色可持续发展已成为社会各界关注的焦点。受到企业的研发资金、技术能力等诸多因素约束，政府有必要制定合理的补贴政策，激励相关企业提高绿色生产研发水平。本文结合绿色供应链管理的发展现状，考虑了政府补贴策略的排他性与共生性，将基于产品绿色度、生产成本、研发投入的三种补贴策略加入博弈模型，从企业绩效、社会福利、财政补贴支出等角度，研究绿色供应链中不同的政府补贴策略对绿色供应链决策的影响，旨在为我国绿色产业可持续发展及补贴政策制定实施提供参考建议。主要的研究工作如下：

（1）探究了不同政府补贴策略对企业静态决策的影响。考虑了绿色偏好水平和研发投入水平，构建了以产品绿色度、企业利润、投入产出综合指标等作为政府补贴策略评价标准的绿色供应链静态模型，依次得到补贴效果最优的策略是研发投入补贴策略、生产成本补贴策略、绿色度补贴策略。

（2）探究了不同政府补贴策略对企业动态决策的影响。结合连续时间模型、离散时间模型，分别给出了企业动态决策分析及系统复杂性分析。考虑了产品的绿色度衰减效应，发现不同补贴策略所对应的绿色决策稳态指标排序不随时间变化，演化轨迹中的动态指标排序随时间变化，且时变排序确定了完全时段下的补贴策略最佳选择路径；考虑了企业的决策偏差，发现若任一企业的决策偏差较大，供应链系统会表现出混沌现象，增大政府补贴支出是控制混沌、恢复系统稳定的动因。

（3）探讨了补贴策略共生对企业绿色决策的影响。针对政府打包实施多种补贴策略的政策现实，建立了以社会福利、补贴支出同时最优的多目标博弈模型。运用非支配排序遗传算法求出帕累托解集，讨论了政策复杂水平、补贴支出上限等因素对补贴策略组合选择的影响。研究发现，政府的财政能力决定了政策组合的数目以及结构比重，财政宽裕时实施补贴策略共生有利于提高社会福利并降低产品价格，财政紧张时实施单个补贴策略有利于控制补贴支出，但会导致产品价格提高。

（4）探讨了同侪激励下的补贴策略对绿色决策的影响。考虑存在地方财政紧缺的现实，建立同侪激励下企业研发和政府补贴的演化博弈模型，结合静态激励和动态激励两种补贴机制分析局部均衡点的稳定性，探讨了同侪激励基金、补贴系数、研发投入水平等因素对群体演化路径的影响，从合作机制层面验证了同侪激励的可行性：较低的政府补贴支出仍能激励制造商绿色研发，较高的政府补贴支出可能导致补贴困局，动态调节的同侪激励机制可以治理政企双方不稳定合作关系。

本书系浙江树人学院学术专著系列。本书获得浙江树人学院引进人才科研启动项目《面向冷链电动汽车的政府补贴策略研究》（批准号：KXJ0122603，课题编号：2022R054），浙江树人学院横向课题《农林剩余物处置点选址算法及系统开发》（批准号：KHJ0122107，课题编号：2022SK055），浙江树人学院数字管理技术研究院课题《基于IDMTAIoT的智慧园（社）区数字经济管理系统研发》（课题编号：2023KJ209）的资助。以上课题的研究过程为专著的撰写提供了重要的数据支持、研究思路等。

目　　录

第 1 章

绪　论

1.1　研究背景与意义

随着世界范围内疫情逐渐稳定，各国政府对重振产业经济给予了高度重视。2020 年 9 月以来，亚太国家的产业经济显著回暖，这与政府对产业体复苏的密集资金投入有重要关系。迄今，各国政府已经累计注入超过 11 万亿美元用于直接刺激经济复苏。同时，世界疫情也令人们对生存环境是否健康产生了担忧，绿色可持续发展作为永久性议题得到更为密切的关注。联合国前秘书长潘基文提出，政府对绿色发展的资金投入不仅刺激了疫情后各国经济复苏，也在致力于创建绿色低碳的健康家园。因此，政府补贴作为国家激励绿色制造、调节经济运行的有效政策手段，对实现经济发展和环境保护的“双赢”局面具有积极意义。

1.1.1　研究背景

1.1.1.1　环境与能源危机的约束

在技术进步和经济发展的过程中，人口增长、产业扩张、资源加剧开采实现了人类社会文明进步和物质财富积累，但环境破坏和资源浪费问题也伴随而来。大气中二氧化碳、甲烷、氯氟碳化合物等温室气体不断增加，使20世纪出现了马斯河谷烟雾事件、伦敦烟雾事件、富山事件、莱茵河污染事件，也使过去数年间出现了近140年来最高气温，温室效应引发了诸如热浪、洪涝、酸雨、干旱等一系列致命的自然灾害。此外，气候变化致使冰川加速消融、水资源分布失衡、生物多样性被破坏，对人类生存环境的可持续发展产生严重影响。

尽管近年来各国节能减排的行动在数据上改善了温室效应的现状，疫情也使气候危机暂缓，但碳排放仍有可能在各行业经济复苏后出现反弹趋势。此外，全球经济增长放缓致使能源产业需求迅速下滑，市场自我调控能力难以消除其负面影响，已引发了诸如2020年石油价格暴跌、天然气暴跌等能源价格危机。传统能源的价格危机使新能源产业同样面临竞争力和价格的双重危机，可再生能源的私人投资兴趣也逐渐减小，这必然会影响到绿色制造业可持续发展。因此，政府需要对受影响的企业，尤其是绿色能源装备的制造企业给予一定的政策支持。

1.1.1.2 环境相关政策法规

面对日益严峻的环境问题和动荡的能源问题，各国政府和国际绿色组织已陆续颁布实施了相关政策法规。环境保护的三大里程碑会议，包括斯德哥尔摩会议（1972年）、里约热内卢会议（1992年）、哥本哈根世界气候大会（2009年），各国签订了《联合国人类环境会议宣言》《人类环境行动计划》《里约环境发展宣言》《生物多样性公约》《气候变化框架公约》《森林公约》《京都议定书》等一系列重要协议，标志着各国对于环境气候问题所形成的阶段性意识变革和历史性成果。为了实现2020年全球节能减排目标，欧盟成员国于2009年提出《可再生能源国家行动计划》（National Renewable Action Plan，NREAP）。包含中国、美国等缔约国在内的48个成员国家，在能源电力、交通运输、废弃产品等绿色环保领域订立并履行各自的绿色承诺（例如冰岛的 NREAP，承诺新注册机动车必须是新能源车辆）。据国际能源署提供的数据（图 1－1）显示，在《可再生能源国家行动计划》指导下，新能源供需逐年增长，世界绿色低碳经济发展的步伐日益加快。2016 年在纽约签署的《巴黎协定》重申了环境治理的长期目标，明确了发达国家向发展中国家提供可持续发展资金支持。

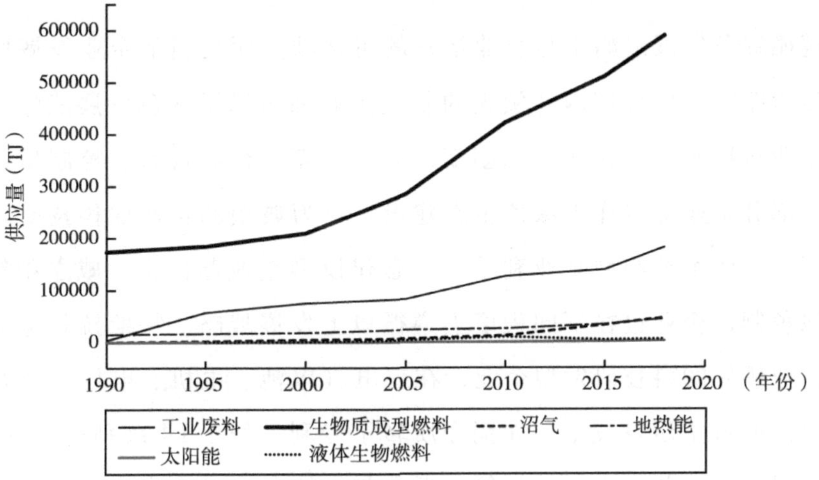

图 1－1　世界可再生能源的总供应量

我国在提升绿色技术创新力和绿色产能等方面提出一系列的激励政策。在《“十三五”节能减排综合工作方案》《中国制造 2025》《工业绿色发展规划（2016～2020 年）》等国家政策贯彻下，我国地方政府纷纷将绿色生产补贴纳入政策支持体系，对制造企业的绿色生产研发、节能减排起到积极作用。例如，在新能源汽车补贴激励下，2015 年至 2020 年我国的新能源汽车产业累计推广新能源汽车超过 450 万辆，占全球 50% 以上。但各国政府政策支持也存在一定程度的资金缺口。我国新能源生产行业的补贴从 2011 年的 107 亿元扩大到 2018 年的 1400 多亿元，资金缺口使补贴发放面临压力。国际货币基金组织发布的工作报告《财政政策与发展：人类社会和可持续发展目标实体投资 2019》预测显示，发展中国家实现可持续发展目标的资金缺口达到每年2.6万亿美元，约占2030年世界GDP总量的2.5%，其中绿色制造投入占较大比重，但实际投入远未及预期。各国政府意识到实现节能减排目标最重要的经济驱动力是税费、补贴等资金激励，实施长期稳定的激励政策是提升企业活力和效率的关键。

1.1.1.3 企业的绿色制造与运营战略

遵循绿色发展战略不是企业运营的可选项，而是当下企业发展所面临的必经之路[1]，因而国内外领先的制造企业都布局了绿色发展战略。一方面，企业重视研发投入和技术创新；另一方面，企业致力于控制生产运营成本，部分企业也专注于绿色生态建设。较为典型的企业如科技研发型企业特斯拉、成本节约型企业利乐、生态建设型企业苏伊士、威立雅等。一般的绿色制造企业也在不同程度上遵循以上发展战略。特斯拉是电动汽车制造行业领先的科技研发型企业，在三电（电池、电机、电控）领域拥有较为前沿的自主研发技术，如铜介质转子专利、处于L4级别的自动驾驶、空中升级技术、共享出行计划等。近几年，特斯拉研发支出在营收中占比分别为2018年的6.8%，2019年的5.46%，2020年的4.25%。马斯克还将特斯拉的大量营收用于太空探索、太阳城建设、人脑AI芯片等新兴技术领域，创建了SpaceX、SolarCity、Neuralink多个企业。由此可见，作为引领新能源汽车技术的制造企业，特斯拉在同行中始终保持着极高比重的科研支出。利乐是环保包装制造行业领先企业，在生产经营过程中极为主张节约成本。利乐砖由可再生材料制成，相较于塑料制品、金属制品包装，其制造成本更为低廉，且减少了10%～20%的运输车次；无菌纸盒包装灌装线解决方案可节省40%的运营成本；利乐R2灌装机集合了成型、灌装、密封功能，全程仅需一名员工作业。苏伊士、威立雅是法国的大型水务企业，主要进行循环水处理、废物处理的方案设计和设备制造。两家企业先后为我国各级别城市、政府机构、工业企业提供水务、废弃物、节能管理领域的设施和服务。例如，苏伊士已为国内一线城市以及珠江流域等地区提供了 1400 万人口的污水处理服务；至 2016 年，威立雅累计共为哈尔滨市建设热电供暖面积 19 万平方米，为香港地区建立了世界最大的 T - Park 污泥处理厂，日处理污泥量达 1200 吨。不仅环保行业的直属企业，各大企业也纷纷投身绿色生态建设。例如，每年造鞋产生的碳排放量占全球的 1.4%，而绝大多数的耐克鞋类和服装使用了可回收材料，所有耐克鞋类产品产生的废料实现了可回收利用。又如，通过“Shirt - to - Bag”项目，耐克公司将旧衣服转化成环保袋，将废弃的运动鞋转化为回收橡胶并以此为原材料帮助偏远学校建造操场。由于企业的绿色制造战略不同，其对于产品成本、研发创新投入、产品环保品质的关注程度也有所差异，这也要求政府兼顾到不同企业的个性需要，实施差异化的补贴政策以优化补贴效果。

1.1.2　研究意义与目的

1.1.2.1　理论意义

通过运用经典博弈、微分博弈、演化博弈、福利经济理论、复杂动力学等理论方法，从不同角度研究了三种政府补贴策略对制造商绿色决策的影响。从制造商利润最大化、社会福利最大化等角度，基于绿色制造企业不同的战略类型，提出了基于绿色度、生产成本、研发投入的三种政府补贴策略。运用 Stackelberg 博弈理论，在供应链视角下，揭示了不同补贴策略、补贴策略组合对制造商、零售商绿色决策的影响；运用微分博弈理论，考虑了绿色供应链中存在受时间影响的延迟效应、衰减效应，分析了动态供应链下不同补贴策略对制造商、零售商绿色决策的影响和演化路径；运用复杂动力学理论，考虑了绿色供应链不稳定的情况，分析了供应链系统中制造商、零售商决策行为具有一系列复杂现象，并从政府补贴视角对比了混沌控制前后的供应链系统；运用演化博弈理论，考虑到制造商和政府之间的交互行为策略存在长期动态的演化过程，设计了一种能够平衡政府财政收支的补贴机制，并从政企合作角度考察该机制下双方策略的协调机理。综上所述，全书的研究将博弈理论、动力学理论等与绿色供应链生产运营决策问题结合，用数理模型分析了政府补贴策略运行机理、补贴策略对企业决策的影响机理，加深了绿色供应链管理、决策分析的理论研究，为企业提高绿色制造水平、政府制定绿色可持续的激励政策提供了理论依据。

1.1.2.2 实践意义

从绿色消费市场的角度看，受到资源消耗、环境污染的双重影响，消费者对产品的购买决策逐渐由只考虑价格因素逐渐向关注产品的环保属性过渡。在绿色经济背景下，企业逐渐转型绿色生产经营往往会具备更主动的市场竞争优势。考虑消费者具有绿色偏好，企业的绿色决策将保护环境资源与追求利润最大化这两者的矛盾相统一，这也是研究全书的意义所在。此外，相较于传统制造，绿色供应链管理起步时间较晚，基础建设环境还不够完善，加上部分制造商对于环境保护的主动意识和责任意识有待提高，因此政府的政策激励能够将激励企业绿色生产经营与绿色可持续发展理念进一步统一。

从政府促进绿色制造的角度看，全书为政府制定绿色激励政策提供了科学依据。在绿色经济背景下，政府将节能减排作为绿色可持续发展的重要指标，这要求制造企业从传统生产运作模式快速转变为环境资源集约型的企业模式。因此政府对于制造业快速升级转型的支持力度显得尤为重要，不仅要在环境法律法规上引导、规范企业的生产行为，还要以财政补贴手段鼓励企业从事绿色制造。本书对政府补贴政策的评价分析，旨在避免财政支出不平衡或激励效果不明显。因此，通过设计不同的政府补贴策略和构建政府与企业的博弈模型，分析出政府补贴策略对制造商的补贴效果，解释政企决策行为的影响机理，为制定绿色制造补贴政策起到一些实践指导意义。

1.1.2.3　研究目的

本书的研究目的是对比多种补贴政策之间的效果差异，在静态博弈和动态博弈两种视角下给出最优的补贴策略选择，分析出多种补贴策略的共生性和排他性，进而制定出一套既能平衡政府收支，又能保障补贴政策长期稳定推行的运行机制。

1.2　研究内容

本书围绕政府补贴策略对制造商绿色决策的影响问题展开研究。首先，从政府补贴变量外生的角度，探讨了政府制定出基于绿色度、生产成本、研发投入的三种补贴策略，在静态供应链、动态供应链系统的稳定环境下，分析不同的补贴策略对制造商、零售商决策所产生的影响，并在动态供应链系统不稳定时分析了制造商决策存在伪随机性，进而对不稳定系统提出了一种控制策略。其次，从政府补贴变量内生的角度，以社会福利最大化、补贴支出最小化为目标，探讨不同的政府补贴策略共生对制造商绿色决策的影响和作用机理，提出一种能平衡政府财政收支水平的同侪激励补贴机制，对制造商与政府的交互行为策略影响进行了演化博弈研究。全书安排如下：

第 1 章：绪论。阐述选题研究背景和研究意义，分析问题要点和构成，提出本书主要研究内容和研究方法，制定技术路线，最后提出本书的创新点。

第 2 章：研究概况与文献综述。对本书所涉及的相关文献进行归纳梳理，包括绿色补贴政策、供应链绿色决策的研究、相关补贴机制设计的研究三部分的研究文献，评述研究进展和研究不足，进一步明确本书所研究问题的研究价值和学术意义。

第 3 章：政府补贴策略对绿色供应链静态决策的影响。该章节在政府补贴系数外生的条件下，构建了基于三种政府补贴策略，由一个制造商、一个零售商组成的静态供应链模型，通过理论推导和数值实验比较了相等补贴支出时不同补贴策略对制造商的补贴效果。

第 4 章：政府补贴策略对绿色供应链动态决策的影响。该章节在政府补贴系数外生的条件下，基于绿色度的衰减效应和绿色研发投入的延迟效应，假设绿色度、生产成本为动态变量，构建了不同政府补贴策略下的绿色供应链决策的动态博弈模型，以政府补贴总支出、稳态补贴支出为可比性条件，对比分析了不同政府补贴策略对制造商的补贴效果以及决策的动态演化过程。系统不稳定时，制造商绿色决策在政府补贴策略影响下具有分岔、混沌、初值敏感性等复杂性特征，采用参数反馈控制方法对系统进行了混沌控制。

第 5 章：考虑经济与福利均衡的补贴策略共生对企业决策的影响。该章节将政府补贴系数作为内生变量，构建了以社会福利最大化、补贴支出最小化为目标的博弈模型，利用元启发式算法分析了最优政策组合的结构比重及补贴效果，以及补贴支出上限、政策复杂水平对补贴政策结构以及制造商绿色决策的影响。

第 6 章：考虑同侪激励的政府补贴策略对企业决策的影响。该章节将政府补贴系数作为内生变量，基于社会福利最大化时政府补贴支出较高的假设，设计了一种能平衡政府财政支出的补贴机制，构建了政府—制造商交互行为策略下的演化博弈模型，分析了双方决策的演化机理和同侪激励基金、补贴系数的参数敏感性。

第 7 章：结论与展望。总结本书的主要研究工作，并指出可能的研究方向。

本书主体部分的安排如图1-2所示。

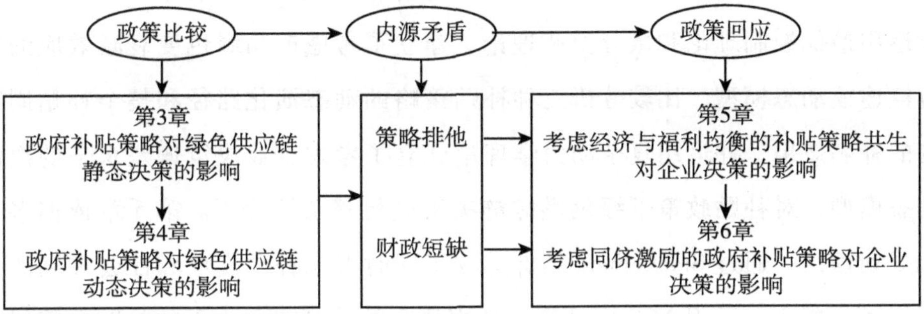

图1-2 主体章节安排示意图

针对三种政府补贴策略，第3章和第4章分别从短期视角和长期视角进行了政策的补贴效果比较，明确了三种补贴策略在多个供应链指标下的优劣排序和策略选择时机。以上两个章节的研究内容都有策略排他的内源矛盾。考虑到政策需求的多样化，实践中政府也会同时采用多种补贴策略组合，第5章通过基于多目标优化的补贴策略组合对策略共生问题进行了政策回应。针对补贴资金短缺与积极推行补贴政策之间存在的矛盾，第6章将企业内生激励纳入补贴政策中，研究同侪激励下的政府补贴策略对企业决策的影响。

1.3 研究方法与技术路线

本书通过文献归纳的定性研究，梳理了在现有文献研究中存在的问题，主要通过博弈论、数据包络分析、最优化理论、复杂动力学等研究理论，构建出对应问题的博弈模型，理论推导完成模型求解，并用数值仿真的方法验证书中结论。本书技术路线如图1-3所示。第3章通过Stackelberg博弈建立了考虑消费者绿色偏好的博弈模型，运用最优化理论对单评价指标下不同补贴策略的补贴效果进行比较分析，综合多个评价指标并运用数据包络分析方法建立补偿性 DEA 模型，给出三种政策的综合效率排序。第 4 章运用最优控制理论和微分博弈理论，建立了考虑产品绿色度衰减效应的供应链连续动态模型，比较分析三种补贴策略的动态演化路径和整个补贴周期内的补贴效果，并运用复杂动力学理论建立了考虑企业决策偏差水平的离散动态模型，对补贴政策下绿色供应链决策进行复杂性分析。第 5 章依据多目标规划理论，通过 Stackelberg 博弈建立了同时考虑补贴支出和社会福利的多目标优化模型，运用 NSGA-Ⅱ算法仿真研究补贴策略共生下的补贴政策组合对企业决策的影响。第 6 章通过演化博弈理论建立考虑同侪激励的政企合作演化博弈模型，利用蒙特卡罗模拟分析系统不稳定时的参数敏感性。

1.4 研究创新点

本书在政府补贴制造商的背景下研究多种补贴策略对绿色供应链成员决策的影响，总结研究创新点如下：

（1）从不同维度对比分析了三种政府激励制造商绿色生产运营的补贴策略。本书考虑消费者的绿色偏好，提出基于产品绿色度、生产成本、研发投入的三种政府补贴策略，结合补贴支出外生与内生、供应链模型静态与动态的不同情形，研究了三种补贴策略下企业相应的静态决策问题和动态决策问题。部分文献认为单位产品补贴策略下供应链成员的利润高于研发投入补贴策略下的利润[2,3]，本书支持了这一观点。与之不同的是，本书进一步将单位产品的补贴政策分为绿色度补贴策略和成本补贴策略，得出了后者更有利于制造商的新结论，而零售商在政府支出相同的情况下可能更偏好前者。若以绿色价格绩效比或绿色投入作为补贴目标，当补贴系数较大时，研发投入补贴策略在补贴周期的中后期更具优势，而在补贴政策实施的前期，绿色度补贴策略的优势更大。这种补贴政策的动态排序也是本书的一个新发现，为动态供应链在不同时期中选择最优补贴政策提供了新的建议。

（2）研究了政府补贴策略共生对企业绿色决策的影响。以往关于政府鼓励制造商绿色生产的政策组合研究大多集中于不同政策领域内的工具组合[4, 5]，鲜有文献讨论单一政策领域的内容空间，本书丰富了补贴政策领域内的策略组合研究工作。本书考虑了政策需求的多样化，针对带有补贴支出约束的政策组合问题，从多目标优化角度探究补贴策略组合的最优结构，分析了政策复杂水平等因素对补贴策略组合结构产生的影响。研究发现，政府财政上限决定了政策组合的数量上限，财政不充裕时采用研发补贴策略能够控制补贴支出，但企业可能因此提高产品价格，为政府实施补贴政策组合提供了一些参考建议。

（3）提出了同侪激励模式下的政府补贴机制。供应链组织内部激励的研究文献主要集中于讨论供应链上游与下游、不同渠道成员的互相激励[6, 7]，这类激励模式建立在供应链不同成员的利益分配关系的基础之上。在具有完全竞争关系的企业之间，尚无文献讨论包含同侪激励以及政府补贴激励的协同激励机制。区别于众多研究奖励—惩罚机制的补贴政策研究文献，同侪激励具有无惩罚的政策亮点，能够稳定处理地方政府财力紧张所导致的政企不合作问题。多数研究认为加大补贴力度有利于企业积极从事绿色生产，但本书通过同侪激励下的政企合作博弈，揭示了补贴支出过度导致政企不稳定合作的“补贴困局”，补贴支出保持在较低水平却能促使政企合作关系保持长期稳定，动态调整同侪激励基金对企业决策的影响最为明显。采用同侪激励的补贴政策弱化了政府财力的约束，所得结论对平衡地方财力具有一定的参考价值。

本书的技术路线如图1－3所示。

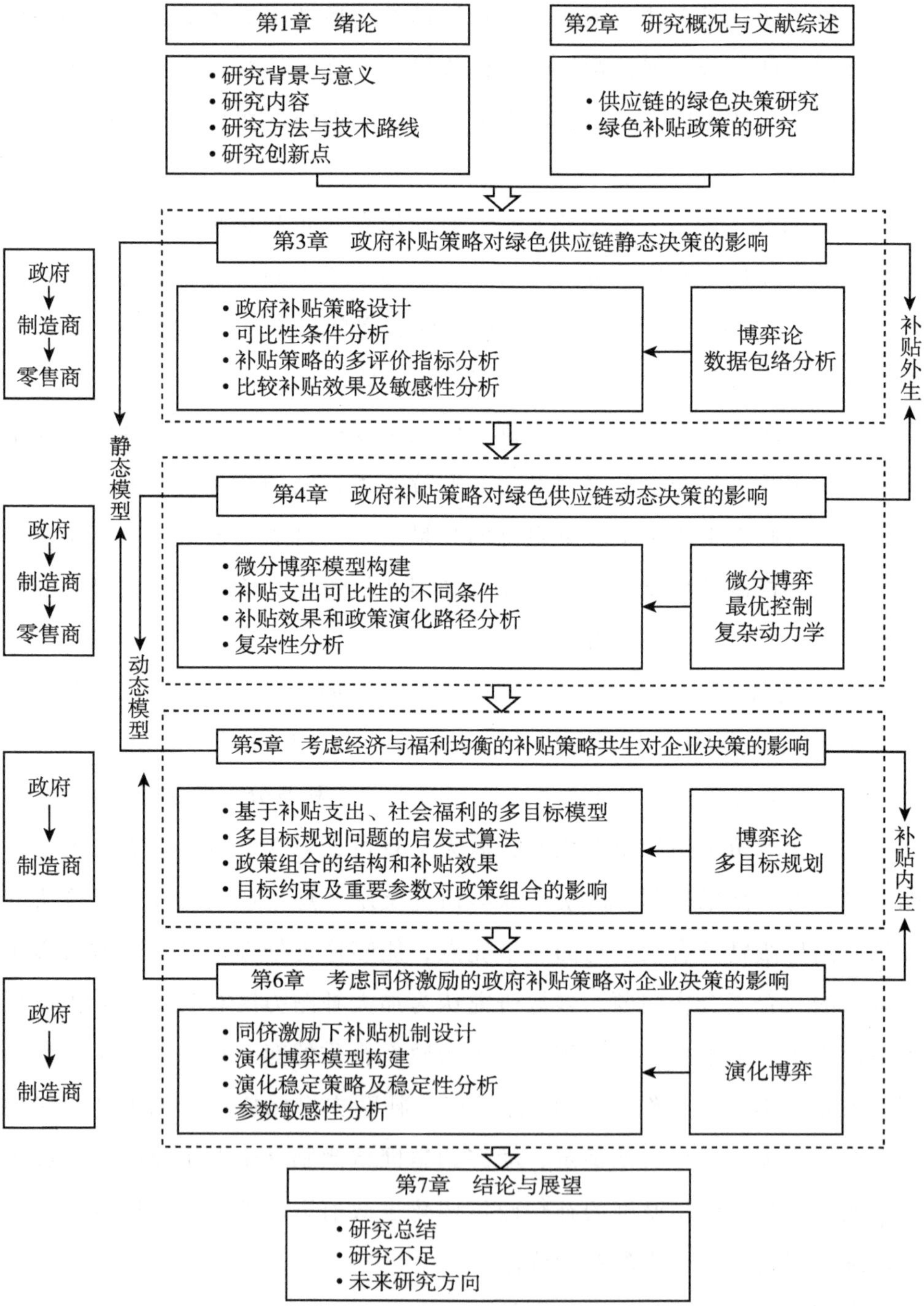
第1章　绪论
•研究背景与意义
•研究内容
•研究方法与技术路线
•研究创新点
第2章　研究概况与文献综述
•供应链的绿色决策研究
•绿色补贴政策的研究
第3章　政府补贴策略对绿色供应链静态决策的影响
•政府补贴策略设计
•可比性条件分析
•补贴策略的多评价指标分析
•比较补贴效果及敏感性分析
博弈论
数据包络分析
政府
制造商
零售商
静态模型
补贴外生
第4章　政府补贴策略对绿色供应链动态决策的影响
•微分博弈模型构建
•补贴支出可比性的不同条件
•补贴效果和政策演化路径分析
•复杂性分析
微分博弈
最优控制
复杂动力学
政府
制造商
零售商
动态模型
第5章　考虑经济与福利均衡的补贴策略共生对企业决策的影响
•基于补贴支出、社会福利的多目标模型
•多目标规划问题的启发式算法
•政策组合的结构和补贴效果
•目标约束及重要参数对政策组合的影响
博弈论
多目标规划
政府
制造商
补贴内生
第6章　考虑同侪激励的政府补贴策略对企业决策的影响
•同侪激励下补贴机制设计
•演化博弈模型构建
•演化稳定策略及稳定性分析
•参数敏感性分析
演化博弈
政府
制造商
第7章　结论与展望
•研究总结
•研究不足
•未来研究方向

图1-3　技术路线图

第 2 章

研究概况与文献综述

本章主要针对不同政府补贴策略下绿色供应链运营决策优化问题，从政府补贴策略与补贴效果、供应链长期运营决策、补贴政策设计三个方面展开综述。

2.1 绿色补贴策略与补贴效果的研究现状

2.1.1 不同政府补贴策略的比较

针对政府补贴对象的不同，最常见的补贴策略分类是制造商补贴、零售商补贴、消费者补贴策略等，众多文献构建相应的博弈模型或实证模型对比研究相关问题。多数学者认为政府补贴制造商更有利于提高绿色产品的普及度。Mitra 等研究认为，当政府同时补贴制造商和再制造商时，双方的利润均有增加，当只补贴再制造商时，双方的利润则会下降[8]。Bian 等对比了消费者补贴和制造商补贴对绿色制造的影响，认为前者侧重于提高需求量，会造成更高的财政负担，后者对制造商节能减排的帮助更大[9]。Yu 等从回收商资质的角度，研究了报废车辆的合法回收商、非法回收商在政府补贴下的竞争博弈模型，研究发现补贴报废车辆所有者比补贴合法回收商更为有效[10]。Meng 等根据消费者绿色偏好和消费水平的异质性给出四种情况，分别讨论了补贴制造商、零售商、消费者对绿色供应链成员决策的影响[11]。Hong 等考虑当前消费者的绿色意识水平，实证研究了美国两家汽车制造商运营数据，认为补贴制造商能更显著地推广新能源汽车[12]。张艳丽等建立了无政府补贴、补贴制造商、补贴消费者三种情况的绿色供应链决策模型，认为政府对制造商补贴更有利于绿色产品创新[13]。尚文芳等从零售商主导型的绿色供应链角度研究了政府补贴策略，认为政府补贴制造商或者零售商取决于市场对绿色度和销售努力的敏感程度[14]。也有学者持不同观点：Yang 等认为，在模糊不确定的绿色供应链环境下，政府对制造商的补贴政策干预导致其处于先发劣势[15]。Zhang 等认为，政府补贴与企业创新产出之间存在非线性关系，当政府补贴低于一定的阈值时，补贴可以刺激企业创新，否则会抑制企业的研发创新[16]。

2.1.2 补贴策略与其他减排政策的比较

众多学者将政府补贴与其他减排政策做了对比研究，多数学者认为补贴政策对改善供应链成员决策收益有显著影响。Luo 等认为政府对电动汽车的有效补贴激励政策应涉及合理的价格折现率和补贴上限，研究发现补贴上限对最优批发价格决策的影响最为显著[17]。Shao 等对比研究了政府固定补贴策略和价格折扣补贴策略，发现政府倾向于成本费用较低的后者，但社会福利取决于电动汽车的单位环境效益[18]。

Heydari 等研究了政府补贴背景下逆向供应链协调的问题，发现政府减免税收或者补贴制造商均能实现供应链系统收益的帕累托改进，但补贴比减税更为有效[19]。Madani 等同样研究了税收和补贴对绿色供应链决策的影响，研究也表明提高补贴系数的激励效果大于调整税率，而且政府补贴对提升社会效益以及产品绿色水平的效果更佳[20]。朱庆华等考虑了产品绿色度、政府补贴、产品竞争等因素，建立了政府与生产商的三阶段博弈模型，研究发现消费者环保意识的提高会导致无补贴时产品价格上升，政府补贴下限的提高会降低产品价格[21]。有学者也提出不同观点：Bian 等对比了减排补贴和排放税对绿色供应链的影响，认为减排成本较高、排放污染较大时，政府实行补贴政策会导致社会福利和环境绩效下降，应当征收较高的排放税以提高制造商治理污染的动机[22]。此外，有学者考虑到补贴策略对社会福利的影响。Sinayi 等研究了以消费者剩余和供应链总利润为社会福利指标的绿色供应链决策模型，认为产品征收较低的税收或者支付较高补贴会增加消费者剩余和社会福利[23]。Zhang 等分别对仅征税、仅补贴、征税—补贴三种监管策略进行对比，研究发现政府补贴并不能始终提高社会福利，反而有可能使社会负担加重，需要基于阈值选择更适合的监管策略[24]。曹裕等研究对比了无政府补贴策略、单一补贴策略、协调补贴策略下的绿色供应链决策问题和补贴效果，发现协调补贴策略在社会福利方面的表现优于另外两者[25]。

2.2　绿色供应链运营决策的研究现状

2.2.1　绿色供应链动态决策研究

已有众多学者利用微分博弈的方法研究政府补贴下绿色供应链动态决策问题。如 Li 基于微分博弈，研究了政府补贴和信用支持下的绿色供应链决策问题，发现信用支持只能激励制造商提高自身的环境责任意识，而政府补贴可以共同激励制造商和零售商的积极性[26]。Zhang 等以光伏产业为背景研究了政府补贴对绿色供应链的影响，认为政府补贴政策能显著提高产能及绿色度，但过高的补贴系数不利于市场自由稳定[27]。Wang 等通过对比一般补贴、回收补贴、研发补贴、生产补贴四种补贴策略，研究了补贴政策对中国汽车零部件行业回收与再制造行业的影响[28]。赵道致等基于微分博弈研究了供应商和制造商组成的绿色供应链中纵向合作的动态优化问题[29]。叶同等研究了具有消费者绿色偏好的供应链动态优化和协调问题，发现产品的初始绿色水平会影响制造商和供应商的利润现值变化趋势[30]。朱桂菊等构建了绿色供应链生态研发策略的微分博弈模型，研究了绿色度动态演化时供应链的最优生态研发能力和定价策略[31]。

2.2.2 绿色供应链群体演化研究

演化博弈理论被广泛应用于各类经济行为[32]、政府规制研究[33]，也适用于政府补贴政策[33, 34]的研究分析。众多学者采用演化博弈的方法研究了政府补贴下绿色供应链群体演化问题。如，Traulsen 等基于演化博弈建立了探索动态模型，考虑到个体的小型突变率问题，研究了演化博弈中个体突变行为与合作行为的关系[35]。Tian 等采用系统动力学理论，研究发现政府补贴对中国汽车企业的绿色供应链管理形成了扩散效果，发现针对制造商的补贴效果优于消费者补贴[36]。Wang 等研究了静态补贴或罚款背景下的新能源汽车演化稳定策略[37]。Liu 等以电动汽车产业为背景，考虑了动态补贴和排放税、静态补贴和排放税策略下电动汽车产业决策的演化路径[38]。Xie 等以中央政府、地方政府、农户三方建立了演化博弈模型，研究了政府补贴行为的动态演化过程[39]。Mahmoudi 等采用演化博弈方法研究了政府干预的三种方案对环境效益的影响，认为税收比补贴带来更高的环境效益[40]。Yang 等基于公共品博弈模型提出了一种内生性的奖励机制，研究发现在特定情况下奖励也能促进演化博弈的合作[41]。Gruchmann 等采用系统动力学理论研究了汽车供应链中存在横向的“牛鞭”效应，分析了汽车分批交货的进度具有不稳定性[42]。Sun 等研究发现，在政府补贴背景下，制造商和供应商群体的演化稳定策略受到绿色投入产出比、政府补贴变化率等影响[43]。Wang 等建立了由政府、电子垃圾回收商、消费者组成的三方演化博弈模型，分析了系统的演化稳定策略和稳定性条件，认为政府在演化博弈过程中占有主导地位[44]。Cui 等建立了由政府、金融机构、企业、消费者构成的四方演化博弈模型，分析了绿色金融体系对可持续发展和清洁生产的影响[45]。Jagan 等建立了制造业供应链在稳态下的动态绩效模型，通过系统仿真模拟了多个场景对制造商决策变量的影响[46]。徐建中等将制造商绿色创新模式分为突破式和渐进式两类，研究了绿色投入补贴和征收碳税对制造商绿色创新模式选择的影响[47]。汪勇杰等研究了政府补贴机制下研发外包的演化博弈，发现决策演化过程中存在阈值效应，且当政府补贴支出处于阈值之间时没有稳定解[48]。许玲燕等以中国农村水环境治理为背景，研究了以地方政府、企业和农户为三方博弈主体的演化博弈行为[49]。陈婉婷等研究了静态奖惩、动态奖惩机制下政府监管与制造商回收的演化博弈，发现动态奖惩机制能够解决静态奖惩机制的行为不稳定问题[50]。程敏等基于系统动力学理论，研究了邻避设施 PPP 项目中政府、企业、公众的三方演化博弈行为[51]。

2.2.3 绿色供应链系统的复杂性分析

许多学者认为，供应链系统的复杂性导致供应链成员的长期决策变得难以预测，常见的复杂特征有混沌效应。Hwarng 等较早研究了供应链系统中存在的混沌现象，并提出了消除或者减小供应链系统混沌的控制理论[52]。Wang 等建立了多寡头竞争模型，在制造商信息不对称的情况下分析了系统参数对系统复杂度的影响，指出政府可以通过激励政策将制造商产量调整速度限制在必要范围[53]。Ma 等建立了产品回收的闭环供应链模型，分析了系统的分岔、混沌和初值敏感性等动力学现象，发现提高零售商的竞争地位会使系统更易陷入混沌[54]。Li 等基于复杂动力学理论，研究了双渠道下的零售商价格决策行为，发现价格延迟决策会使供应链系统更加稳定[55]。Xie 等以中国彩电市场回收供应链为背景，建立了两阶段的双寡头模型，分析了不同参数下供应链系统的复杂性[56]。Dai 等通过分岔图、熵图、混沌吸引子等研究了政府干预下闭环供应链模型的稳定性和复杂性，并采用延迟反馈控制方法控制混沌系统[57]。Chang 等对再制造产业供应链的动态博弈模型进行了复杂性分析，发现了该模型具有分岔、混沌等动力学现象[58]。Zhao 等采用复杂动力学分析研究了政府补贴背景下制造商与再制造商竞争，发现政府对再制造企业的补贴可以降低产品的零售价格，但对其利润的影响较小，政府补贴消费者对再制造产品的市场竞争力有重要影响[59]。Wu 以中国电力市场为背景，构建了双渠道多产品的绿色供应链模型，发现该模型产生了 Grazing - Hopf 分岔现象[60]。王琦玮等基于价格博弈的 Bertrand 模型，通过构建四维非线性离散动力系统，分析了混沌现象在延时反馈下的控制效果[61]。于淼等建立了废旧电子产品回收的闭环供应链模型，分析了决策变量调整速度对供应链稳定性的影响[62]。高飞等建立了三阶段的差分博弈模型，采用参数反馈方法对混沌模型加以控制[63]。王玥等考虑了制造商与供应商的合作模式，研究供应链系统的稳定性与混沌状态，发现决策调整速度影响系统稳定性，共生系数影响双方的利润[64]。黄志强等研究了决策周期和标准对供应链系统的动力学影响，发现生产商决策和决策周期的共同影响使均衡点演变成极限环形态，直至混沌[65]。宫庆彬等基于有限理性预期调整，研究了企业博弈的动态演化特征，发现参数不满足稳定性条件时会出现分岔、奇异吸引子等混沌现象[66]。董海等建立了三级闭环供应链模型，采用复杂动力学和混沌理论解决了该模型下的混沌控制问题[67]。

2.3 相关政策与补贴机制设计的研究现状

2.3.1 政府补贴机制设计

学者大都从经济合理性、政治可行性等角度探讨政府补贴机制设计。在政府财政平衡的前提下，合理的政府补贴机制可以长期激励制造商绿色创新，常见的有奖励—惩罚结合的补贴机制。Long 等建立了绿色建筑生产商与回收商的演化博弈模型，研究了基于奖惩机制的政府绿色补贴和绿色发展绩效对双方行为策略的影响[68]。Liu 等以电动汽车产业为背景，研究了不同补贴—税收策略下制造商行为策略的演化路径[38]。尽管带有惩罚的激励机制能够形成积极的政企合作行为，但部分研究认为惩罚会降低社会总收益[69, 70]或带来社会报复行为[71]，纯奖励的激励机制比带有惩罚的激励机制创造更多的社会收益[72]。Yalabik 等研究了政府规制、行业竞争压力对制造商绿色投入的影响，研究指出排放过高、竞争压力过大会使制造商消极投入，政府补贴奖励比惩罚手段更有利于制造商的绿色技术创新[73]。也有学者从政府补贴支出的视角研究补贴机制设计的问题。Timilsina 等研究了孟加拉国能源补贴方案和政策改革历程，认为该国的能源补贴政策存在沉重的财政负担，应当根据补贴的经济影响程度对补贴预算和补贴对象加以限制[74]。Chen 等研究了绿色补贴门槛对电动汽车续航水平的影响，发现电动汽车制造商的绿色决策受到补贴门槛和技术上限的双重约束[75]。补贴退坡机制也是平衡财政收支的重要手段。Leepa 等以德国的光伏产业为背景研究了新能源补贴政策退坡机制对补贴效果的影响，发现与成本相关的补贴退坡机制更为有效[76]。Huang 等研究比较了传统汽车和电动汽车的政府补贴激励方案，发现该方案增加了电动汽车销量以及消费者的议价能力[77]。Wesseh 等采用 CGE 模型对加纳的传统能源补贴退出机制进行了环境和社会福利等方面的影响评估，认为逐步取消传统能源补贴不仅可以减缓气候变化，而且对“绿色悖论”也产生作用[78]。但也有学者认为补贴退坡机制具有负面效应。Zhao 等研究了墨西哥湾取消生产者补贴对能源开采的影响，发现降低生产者补贴对最优的生产效率、生产者剩余、净社会效益产生负面影响，对政府收入产生正面影响[79]。Hartono 等研究发现印度尼西亚政府逐步取消能源补贴不足以实现绿色能源转型的强度和目标，认为政府应该在可再生能源方面推行渐进式补贴方案[80]。

2.3.2 补贴政策组合研究

政策组合的定义是政策相互影响并在多个层面影响企业研发运营的政策工具组合[81]。补贴政策组合已成为政策组合讨论中的重要议题[82]。由于所研究的政策组合之间存在差异，学者们对政策组合的综合影响给出极其不同的结论。Guerzoni 等检验了研发补贴和公共采购对企业产出和研发投入的相互作用，认为企业产出受益于两种政策措施，但研发产出份额没有明显提高[83]。Lhuillery 等发现与仅接受间接补贴的公司相比，同时受益于研发补贴和间接补贴的法国企业的研发支出没有额外影响[84]。Howlett 等认为整合单一领域内政策组合的横向关系比处理政策工具组合间的纵向关系更为重要[85]。Fesenfeld 等通过在不同国家组织粮食行业的公民调研，发现实行多个绿色政策比单一政策更有政治可行性[5]。Wu 等通过实证模型分析了补贴政策组合下中国上市企业近十年的面板数据，发现非研发补贴策略和研发补贴策略均对企业研发创新有激励作用，但后者比前者更有效[4]。

2.4 现有研究评述

通过对政府补贴策略与补贴效果、绿色供应链运营决策、补贴政策设计等方面的国内外文献进行整理，发现已有成果主要通过实证或者数理模型分析了政府补贴政策对企业经营绩效以及绿色经济的影响，以及政府补贴下政企双方的绿色决策和供应链合作减排问题，但对于多种补贴政策之间或者政策组合的对比研究比较少。具体来说，在众多的现有文献中仍发现以下不足：

（1）尽管大量学者研究了不同类型的政府补贴策略对绿色供应链决策的影响，但往往集中于不同的财政手段、补贴对象、供应链渠道等方面[9-12, 27-30]。较少文献关注到激励制造商的不同补贴策略在绿色供应链决策中的效果比较，鲜有文献关注到动态供应链下激励制造商的不同补贴策略。

（2）大部分文献在动态供应链中考虑到企业决策偏差水平对其行为决策产生的复杂动力学效应[52-56]，但现有文献中关于绿色供应链复杂性分析的研究较少，尤其是鲜有文献考虑到政府补贴的背景，对于政府补贴在不稳定的绿色供应链系统中所发挥的效用更未给出清晰答案。

（3）大多数文献对于补贴政策的效果分析都是单因素指标评价，少量文献采用多目标优化方法分析补贴政策，但往往只针对于一种补贴政策，仍未考虑到实际政策中存在补贴策略共生的问题。

（4）已有文献普遍采用奖励—惩罚结合的政府激励方式设计补贴机制，通过演化博弈研究补贴政策下的政企合作关系[37-40]。鲜有文献研究无惩罚的激励机制，以及无惩罚的政府补贴激励是否能保持政企双方的合作关系。

第 3 章

政府补贴策略对绿色供应链静态决策的影响

当前，资源和环境问题是全球范围内共同面临的挑战，倡导环境保护是绿色供应链管理发展的关键目标[86]。企业的绿色制造技术创新作为克服资源和环境约束并促进可持续发展的手段，是绿色供应链管理主要决定因素[87]。然而，技术和环境的双重[14]负外部性以及资金成本约束抑制了企业实践绿色供应链管理的积极性并限制了绿色技术的创新[88]。为此，各国政府实施了一系列财政补贴政策，以促进绿色供应链发展和环境改善。

绿色消费者占比越高则政府越倾向于在供应链中补贴制造商[89]。正如我国为鼓励工业节能和新能源建设，先后组织了节能产品惠民工程、新能源汽车推广应用等一系列财政补贴政策；2012 年欧盟委员会投资 4180 万欧元用于建设绿色环保电动汽车项目并资助新能源技术研发；截至 2015 年 2 月，美国高级研究计划署（US Advanced Research Projects Agency）资助了 400 多个先进的绿色能源技术项目[90]。以上共同说明，若要推动绿色供应链管理实践，激励制造商生产研发绿色产品以及满足市场的绿色消费需求，制定合理的制造商补贴政策是尤为重要的。

为了更清楚地说明不同补贴政策产生的效果差别，首先，本章考虑到政府对制造商实行不同的补贴策略，分别比较了基于绿色度（标记为 G 策略)、生产成本（标记为 C 策略）和研发投入（标记为 R 策略）的三种绿色制造补贴策略。在 G 策略中，政府更多关注最终产品的绿色品质，并挂钩制造商的实际产量对产品绿色度进行补贴；C 策略是政府根据产品的生产成本并挂钩实际产量发放补贴；R 策略中政府更倾向于对制造商绿色研发创新的一次性投入进行脱钩补贴，三种策略均旨在更好地激励制造商积极开展绿色创新研发并开发、制造出更高环保性能的产品。然后，基于三种补贴策略探究绿色供应链在消费者绿色偏好、研发创新投入水平影响下的最优决策，最终考察不同的政府补贴策略对绿色供应链的激励效果。

本章内容组织如下：3.1 节描述了问题和假设条件；3.2 节建立了绿色度补贴、生产成本补贴、研发投入补贴三种情况下的 Stackelberg 博弈模型并给出理论推导结论和相关证明；3.3 节以补贴支出相同作为可比性条件，对三种补贴策略的补贴效果进行比较分析；3.4 节为算例分析，通过数值结果分析补贴系数变化对绿色决策的影响，以及系统参数变化对补贴效果产生的影响；3.5 节为本章小结。

3.1　问题描述和假设条件

本章以一个制造商和一个零售商组成的绿色供应链为研究对象，假设制造商已采购充足的绿色原材料并用于绿色产品制造，所生产的最终产品均符合市场的绿色规范标准。消费者更倾向于购买绿色品质高的产品并愿意为其支付更高费用。零售商负责绿色产品销售，且绿色度高的产品往往有更大的市场需求。本章不考虑时间因素对供应链决策演变过程的影响，供应链成员将根据政府补贴政策制定出更利于经营的短期决策，因而所建立的决策模型均为静态。拟解决的问题如下：不同补贴策略对绿色供应链静态决策产生哪些影响，如何对比不同补贴策略以及不同补贴策略之间的补贴效果有何差异。为此，本章建立的模型中所用符号如表 3－1 所示：

表 3－1　　　　模型符号说明

符号	含义	符号	含义
α	基础市场规模	w	批发价格
β	价格偏好水平	p	销售价格
γ	绿色度偏好水平	e	单位产品绿色度
η	研发投入水平	S	补贴支出
c	单位产品成本	π_m	制造商利润
θ	绿色度补贴系数	π_r	零售商利润
τ	生产成本补贴系数	R_{ep}	绿色价格绩效比
ε	研发投入补贴系数	v	指标增长率

针对以上研究问题，需要对所建立的模型作出一些假设：

其一，绿色供应链成员的决策顺序遵循领导者制造商先动而跟随者零售商后动的 Stackelberg 博弈规则。

其二，与大多研究绿色供应链的文献一致，绿色产品的市场需求由产品价格和产品绿色度共同决定，消费者具有价格和绿色度的双重消费偏好，需求函数表示如下：

$$Q = \alpha - \beta p + \gamma e \tag{3－1}$$

式（3－1）中，α 决定绿色产品的基础市场规模，市场对于价格 p 的消费偏好水平和绿色度 e 的消费偏好水平分别由 β 和 γ 表示，所对应的乘子式表示消费者价格偏好和绿色度偏好带来市场需求 Q 的变动量。为保证企业的价格决策会产生正利润，市场需求需要满足 $Q > \alpha - \beta p$，即价格影响下的需求变动要小于基础市场规模，显然 $Q = \alpha - \beta p + \gamma e > 0$ 也成立。

其三，由于本章研究的是短期经营决策，因此假设产品的单位生产成本 c 是固定不变的。制造商为提高产品绿色度，需要进行绿色研发创新。与大多数文献一致[91, 92]，假设制造商承担全部的研发投入成本 $\frac{1}{2}\eta e^2$，其

中 η 为研发投入水平。

其四，为更清楚表示出不同策略之间的补贴效果差异，参考相关文献后将政府对制造商补贴的三种策略分别表示为基于绿色度、生产成本、研发投入成本的补贴策略，对应的表述如下：

绿色度补贴策略（G）：政府为更快扩大绿色节能产品的市场规模，激发制造商绿色制造的生产热情，实践中政府通常对符合产品市场规范的绿色度直接进行补贴[21]。参照 Dai[93] 和 Yang[15] 的研究，将单个产品的补贴支出记为 θe（其中 θ 为绿色度补贴系数），则此策略下补贴支出 $S^G = \theta e^G Q^G$。

生产成本补贴策略（C）：对单位产品的生产成本直接进行补贴是常见的补贴手段，如 Hong[94]、张艳丽[13] 和刘名武[95] 在文献中考虑了生产成本补贴策略。将单位产品的成本补贴支出记为 $c\tau$（其中 τ 为生产成本补贴系数），则此策略下补贴支出 $S^C = \tau c Q^C$。

研发投入补贴策略（R）：当企业开展大量研发创新活动时，政府针对研发创新成本直接进行一次性补贴是一种能够直接有效调动制造商研发积极性的补贴手段。与绿色创新有关的研究如 Li[96]、盛光华[97] 和单汨源[98] 等都考虑了这种补贴策略。由于该补贴策略与产量脱钩，则研发投入补贴支出可记为 $S^R = \frac{1}{2}\varepsilon\eta e^2$（其中 ε 为研发投入补贴系数）。

3.2　模型的建立与求解

3.2.1　无政府补贴的模型（N）

在不考虑政府补贴的情形下，制造商作为领导者首先决定其产品的批发价格 w^N，在观察到制造商价格变动后，零售商作为跟随者决定该产品的销售价格 p^N。制造商和零售商的利润函数分别表示为：

$$\pi_m^N = Q^N(w^N - c) - \frac{1}{2}\eta e^{N2} \tag{3-2}$$

$$\pi_r^N = Q^N(p^N - w^N) \tag{3-3}$$

则供应链总利润可表示为：

$$\pi^N = \pi_m^N + \pi_r^N \tag{3-4}$$

命题3－1：在政府不补贴情形下，绿色供应链的最优决策为 $p^{N*} = \frac{c\gamma^2 - 3\alpha\eta - c\beta\eta}{\gamma^2 - 4\beta\eta}$，$w^{N*} = \frac{c\gamma^2 - 2(\alpha + c\beta)\eta}{\gamma^2 - 4\beta\eta}$，$e^{N*} = \frac{(c\beta - \alpha)\gamma}{\gamma^2 - 4\beta\eta}$。最大化的供应链成员利润和总利润分别为 $\pi_m^{N*} = \frac{(\alpha - c\beta)^2\eta}{8\beta\eta - 2\gamma^2}$，$\pi_r^{N*} = \frac{\beta\eta^2(\alpha - c\beta)^2}{(\gamma^2 - 4\beta\eta)^2}$，$\pi^{N*} = \frac{3\beta\eta^2(\alpha - c\beta)^2}{(\gamma^2 - 4\beta\eta)^2}$。

证明：在不影响表述的情况下，命题的证明部分将省略部分的策略上标记号。根据Stackelberg博弈规则，由逆向归纳法先求得零售商利润函数式（3－3）关于零售价格 p^N 的一阶导数和二阶导数，求得 $\frac{d\pi_r^N}{dp^2} = -2\beta$ 可知零售商价格存在唯一最优解，令 $\frac{d\pi_r^N}{dp} = 0$ 得到 p^N 的反应函数 $p^N = \frac{\alpha + w\beta + e\gamma}{2\beta}$。把反应函数代入制造商利润函数式（3－2），分别求出关于 w^N 和 e^N 的一阶偏导数，令一阶偏导数都等于0可解出 $w^{N*} = \frac{c\gamma^2 - 2(\alpha + c\beta)\eta}{\gamma^2 - 4\beta\eta}$ 与 $e^{N*} = \frac{(c\beta - \alpha)\gamma}{\gamma^2 - 4\beta\eta}$。然后求得制造商利润函数关于 w^N 和 e^N 二阶偏导数所对应的Hessian矩阵 $\begin{bmatrix} -\beta & \frac{\gamma}{2} \\ \frac{\gamma}{2} & -\eta \end{bmatrix}$。观察可知当矩阵为负定时需满足条件 $4\beta\eta - \gamma^2 > 0$。由于 $Q > \alpha - \beta p$ 可得到 $\beta\eta - \gamma^2 > 0$，因而验证此时有唯一的 w^{N*} 与 e^{N*} 使制造商利润函数处于最大值。最后，将 w^{N*} 与 e^{N*} 代入反应函数，

可求得 $p^{N*}=\frac{c\gamma^2-3\alpha\eta-c\beta\eta}{\gamma^2-4\beta\eta}$。进一步代入可得，$\pi_m^{N*}=\frac{(\alpha-c\beta)^2\eta}{8\beta\eta-2\gamma^2}$，$\pi_r^{N*}=\frac{\beta\eta^2(\alpha-c\beta)^2}{(\gamma^2-4\beta\eta)^2}$，$\pi^{N*}=\frac{3\beta\eta^2(\alpha-c\beta)^2}{(\gamma^2-4\beta\eta)^2}$。

从命题 3－1 可知，在无政府干预的情况下，产品的价格决策不仅受到生产成本、消费者价格偏好、企业的绿色研发投入水平等因素影响，消费者的绿色偏好也是影响价格决策的重要因素。但消费者的绿色偏好对价格的影响机理有所不同，一方面绿色偏好提升会使得消费者对产品的期望效用有所增加，进而扩大了市场对产品的需求；另一方面绿色偏好提升会使制造商更积极地投入绿色研发创新，增加绿色产品的研发投入，间接影响到企业的价格决策。

推论 3－1：在政府不补贴情形下，供应链最优价格、绿色度决策以及供应链利润存在：（1）$\frac{\partial p^{N*}}{\partial\gamma}>0$，$\frac{\partial w^{N*}}{\partial\gamma}>0$，$\frac{\partial e^{N*}}{\partial\gamma}>0$，$\frac{\partial\pi_m^{N*}}{\partial\gamma}>0$，$\frac{\partial\pi_r^{N*}}{\partial\gamma}>0$，$\frac{\partial\pi^{N*}}{\partial\gamma}>0$，$\frac{\partial p^{N*}}{\partial\eta}<0$，$\frac{\partial w^{N*}}{\partial\eta}<0$，$\frac{\partial e^{N*}}{\partial\eta}<0$，$\frac{\partial\pi_m^{N*}}{\partial\eta}<0$，$\frac{\partial\pi_r^{N*}}{\partial\eta}<0$，$\frac{\partial\pi^{N*}}{\partial\eta}<0$；（2）$\frac{\partial p^{N*}}{\partial\gamma}>\frac{\partial w^{N*}}{\partial\gamma}$，$\frac{\partial p^{N*}}{\partial\eta}<\frac{\partial w^{N*}}{\partial\eta}$，$\frac{\partial\pi_r^{N*}}{\partial\gamma}>\frac{\partial\pi_m^{N*}}{\partial\gamma}>\frac{\partial\pi^{N*}}{\partial\gamma}$，$\frac{\partial\pi^{N*}}{\partial\eta}>\frac{\partial\pi_m^{N*}}{\partial\eta}>\frac{\partial\pi_r^{N*}}{\partial\eta}$。

证明：分别求得对应函数关于 γ、η 的一阶偏导数。有 $\frac{\partial p^{N*}}{\partial\gamma}=\frac{6(\alpha-c\beta)\gamma\eta}{(4\beta\eta-\gamma^2)^2}>0$，$\frac{\partial p^{N*}}{\partial\eta}=-\frac{3(\alpha-c\beta)\gamma^2}{(4\beta\eta-\gamma^2)^2}<0$，$\frac{\partial w^{N*}}{\partial\gamma}=\frac{4(\alpha-c\beta)\gamma\eta}{(4\beta\eta-\gamma^2)^2}>0$，$\frac{\partial w^{N*}}{\partial\eta}=-\frac{2(\alpha-c\beta)\gamma^2}{(4\beta\eta-\gamma^2)^2}<0$，$\frac{\partial e^{N*}}{\partial\gamma}=\frac{(\alpha-c\beta)(\gamma^2+4\beta\eta)}{(4\beta\eta-\gamma^2)^2}>0$，$\frac{\partial e^{N*}}{\partial\eta}=-\frac{4\beta(\alpha-c\beta)\gamma}{(4\beta\eta-\gamma^2)^2}<0$，$\frac{\partial\pi_m^{N*}}{\partial\gamma}=\frac{(\alpha-c\beta)^2\gamma\eta}{(4\beta\eta-\gamma^2)^2}>0$，$\frac{\partial\pi_m^{N*}}{\partial\eta}=-\frac{(\alpha-c\beta)^2\gamma^2}{2(4\beta\eta-\gamma^2)^2}<0$。由于命题 3－1 已证得 $\beta\eta-\gamma^2>0$，因此 $\frac{\partial\pi_r^{N*}}{\partial\gamma}=\frac{4\beta\gamma(\alpha\eta-c\beta\eta)^2}{(4\beta\eta-\gamma^2)^3}>0$，

$\frac{\partial \pi_r^{N*}}{\partial \eta} = -\frac{2\beta(\alpha - c\beta)^2\gamma^2\eta}{(4\beta\eta - \gamma^2)^3} < 0$，$\frac{\partial \pi^{N*}}{\partial \gamma} = \frac{2(\alpha - c\beta)^2\gamma\eta(2\beta\eta - \gamma^2)}{(4\beta\eta - \gamma^2)^3} > 0$，$\frac{\partial \pi^{N*}}{\partial \eta} = -\frac{(\alpha - c\beta)^2\gamma^2(2\beta\eta - \gamma^2)}{(4\beta\eta - \gamma^2)^3} < 0$，可验证推论 3－1（1）成立；观察易证$\frac{\partial p^{N*}}{\partial \gamma} > \frac{\partial w^{N*}}{\partial \gamma}$，$\frac{\partial p^{N*}}{\partial \eta} < \frac{\partial w^{N*}}{\partial \eta}$，求得$\frac{\partial \pi^{N*}}{\partial \gamma} \Big/ \frac{\partial \pi_r^{N*}}{\partial \gamma} = \frac{\partial \pi_m^{N*}}{\partial \gamma} \Big/ \frac{\partial \pi_r^{N*}}{\partial \gamma} = 1 - \frac{\gamma^2}{4\beta\eta}$，$\frac{\partial \pi^{N*}}{\partial \gamma} \Big/ \frac{\partial \pi_m^{N*}}{\partial \gamma} = 1 - \frac{\gamma^2}{4\beta\eta - \gamma^2}$，可知$\frac{\partial \pi_r^{N*}}{\partial \gamma} > \frac{\partial \pi_m^{N*}}{\partial \gamma} > \frac{\partial \pi^{N*}}{\partial \gamma}$成立，同理可证$\frac{\partial \pi^{N*}}{\partial \eta} > \frac{\partial \pi_m^{N*}}{\partial \eta} > \frac{\partial \pi_r^{N*}}{\partial \eta}$。

推论 3－1（1）表明，提升消费者绿色偏好水平或降低制造商研发投入水平，会增加产品的零售价格、批发价格、绿色度以及制造商、零售商利润和供应链总利润；推论 3－1（2）表明，提升消费者绿色偏好水平，对零售商的价格决策和其利润产生更大的正面影响，而研发投入水平提升对零售商产生的负面影响也更大，由于制造商和零售商的分散决策为局部最优而非帕累托最优，因而在双重边际效应的影响下两者对供应链总利润的影响是最小的。

推论 3－2：假设产需平衡，制造商的产量决策与产品的绿色度之间存在直接的乘数效应，提升消费者的价格偏好水平和制造商的研发投入水平对该效应有放大作用，提升消费者的绿色偏好水平会减弱乘数效应。

证明：由命题 3－1 易得 $Q^{N*} = \frac{\beta\eta(\alpha - c\beta)}{4\beta\eta - \gamma^2}$，结合 $e^{N*} = \frac{(\alpha - c\beta)\gamma}{4\beta\eta - \gamma^2}$可进一步得到 $f = \frac{Q^{N*}}{e^{N*}} = \frac{\beta\eta}{\gamma}$，$\frac{\partial f}{\partial \gamma} < 0$，$\frac{\partial f}{\partial \beta} > 0$，$\frac{\partial f}{\partial \eta} > 0$。

从推论 3－2 看出，如果消费者对产品价格变动较敏感或绿色偏好水平较低，则提升绿色度会更明显地扩大绿色制造的产量，从而更快提升绿色产品的市场份额。随着消费者绿色偏好的提升，尽管制造商认识到产品绿色度[12]会对扩大市场份额产生重要的作用，但制造商以利润最大化为目标时，在价格的作用机理下挤占更大的市场份额所带来的边际利润是递减的，因此消费者绿色偏好水平升高会减弱乘数效应，研发投入水平、消费者价格偏好水平的影响则同理。

3.2.2　绿色度补贴策略的模型（G）

在3.2.1中分析了无补贴的情形下，消费者绿色偏好和研发投入水平对绿色供应链决策的影响。接下来分析政府补贴的情形下，实施绿色度补贴策略对供应链决策的影响。制造商、零售商的利润函数分别表示为：

$$\pi_m^G = Q^G(w^G - c + \theta e) - \frac{1}{2}\eta e^{G2} \tag{3-5}$$

$$\pi_r^G = Q^G(p^G - w^G) \tag{3-6}$$

则供应链总利润可表示为：

$$\pi^G = \pi_m^G + \pi_r^G \tag{3-7}$$

命题3-2：在政府实施绿色度补贴策略的情形下，绿色供应链的最优决策为 $p^{G*} = \frac{3\alpha\eta - \alpha\theta(\gamma+\beta\theta) + c(\beta\eta - \gamma^2 - \beta\gamma\theta)}{4\beta\eta - (\gamma+\beta\theta)^2}$，$w^{G*} = \frac{2\alpha\eta + c(2\beta\eta - \gamma^2 - \beta\gamma\theta) - \alpha\theta(\gamma+\beta\theta)}{4\beta\eta - (\gamma+\beta\theta)^2}$，$e^{G*} = \frac{(\alpha - c\beta)(\gamma+\beta\theta)}{4\beta\eta - (\gamma+\beta\theta)^2}$。最优决策下制造商、零售商的利润、供应链总利润分别为 $\pi_m^{G*} = \frac{(\alpha - c\beta)^2\eta}{8\beta\eta - 2(\gamma+\beta\theta)^2}$，$\pi_r^{G*} = \frac{\beta\eta^2(\alpha - c\beta)^2}{[4\beta\eta - (\gamma+\beta\theta)^2]^2}$，$\pi^{G*} = \frac{(\alpha - c\beta)^2\eta[6\beta\eta - (\gamma+\beta\theta)^2]}{2[4\beta\eta - (\gamma+\beta\theta)^2]^2}$。其中，存在唯一最优解需满足的条件是 $4\beta\eta > (\gamma+\beta\theta)^2$。

证明：证明过程同命题3-1，因此省略了最优解的推导过程，只证明最优解存在所要满足的条件。求得制造商利润函数关于 w^G 和 e^G 二阶偏导数所对应的Hessian矩阵 $\begin{bmatrix} -\beta & \frac{1}{2}(\gamma - \beta\theta) \\ \frac{1}{2}(\gamma - \beta\theta) & \gamma\theta - \eta \end{bmatrix}$，观察到一阶子式小于0，

当行列式大于 0 可判定矩阵为负定，因此 $4\beta\eta > (\gamma+\beta\theta)^2$ 时存在最优解。

从命题 3－2 可知，相较于补贴系数为 0 的情形，绿色度补贴系数为 θ 时，产品绿色度增加，产品价格和市场需求发生变动。补贴支出效果在整个绿色供应链中进行传导，最终提高了供应链总利润。结合命题 3－1 可知制造商利润增幅 $(\pi_m^{G*}-\pi_m^{N*})/\pi_m^{N*}=\frac{4\beta\eta-\gamma^2}{4\beta\eta-(\gamma+\beta\theta)^2}-1$，零售商利润增幅为 $(\pi_r^{G*}-\pi_r^{N*})/\pi_r^{N*}=\left(\frac{4\beta\eta-\gamma^2}{4\beta\eta-(\gamma+\beta\theta)^2}\right)^2-1$。

推论 3－3：增大绿色偏好水平或降低研发投入水平，会使产品的零售价格、批发价格、绿色度以及供应链成员利润均增加，其影响效果与无补贴的情形下是一致的。

证明过程同推论 3－1。

推论 3－4：（1）在政府对产品绿色度补贴的情形下，制造商和零售商的利润以及供应链总利润均增加，且提高绿色度补贴系数会使所有利润均增大；（2）产品的绿色度、供应链成员利润的边际增长均随补贴系数升高而增大，批发价格、零售价格、供应链总利润则不确定。

证明：显然 $\pi_m^{G*}>\pi_m^{N*}$，$\pi_r^{G*}>\pi_r^{N*}$，$\pi^{G*}>\pi^{N*}$。然后求得对应函数关于补贴系数的一阶导数 $\frac{d\pi_m^{G*}}{d\theta}=\frac{\beta\eta(\alpha-c\beta)^2(\gamma+\beta\theta)}{[4\beta\eta-(\gamma+\beta\theta)^2]^2}>0$，$\frac{d\pi_r^{G*}}{d\theta}=\frac{4\beta^2(\alpha-c\beta)^2\eta^2(\gamma+\beta\theta)}{[4\beta\eta-(\gamma+\beta\theta)^2]^3}>0$，$\frac{d\pi^{G*}}{d\theta}=\frac{\beta\eta(\alpha-c\beta)^2(\gamma+\beta\theta)[8\beta\eta-(\gamma+\beta\theta)^2]}{[4\beta\eta-(\gamma+\beta\theta)^2]^3}>0$；

求得对应函数关于补贴系数的二阶导数 $\frac{de^{G*}}{d\theta^2}=\frac{2\beta^2(\alpha-c\beta)(\gamma+\beta\theta)[12\beta\eta+(\gamma+\beta\theta)^2]}{[4\beta\eta-(\gamma+\beta\theta)^2]^3}>0$，

$\frac{d\pi_m^{G*}}{d\theta^2}=\frac{\beta^2(\alpha-c\beta)^2\eta[4\beta\eta+3(\gamma+\beta\theta)^2]}{[4\beta\eta-(\gamma+\beta\theta)^2]^3}>0$，$\frac{d\pi_r^{G*}}{d\theta^2}=\frac{4\beta^3(\alpha-c\beta)^2\eta^2[4\beta\eta+5(\gamma+\beta\theta)^2]}{[4\beta\eta-(\gamma+\beta\theta)^2]^4}>0$。

推论 3－5：在政府对产品绿色度补贴的情形下，供应链成员的绿色决策具有如下规律：（1）产品的绿色度随着绿色度补贴系数升高而增大；（2）当 $\phi - 2\beta^2\eta\theta > 0$ 时，制造商的批发价格随补贴系数升高而增大，否则减小；（3）当 $\phi + 2\beta\gamma\eta > 0$ 时，零售价格随补贴系数升高而增大，否则减小。

证明：令 $\phi = \gamma^3 + 2\beta\gamma^2\theta - 2\beta^2\eta\theta + \beta^2\gamma\theta^2$，分别求得产品的最优绿色度、批发价格和零售价格关于补贴系数的一阶导数 $\frac{de^{G*}}{d\theta} = \frac{\beta(\alpha - c\beta)[4\beta\eta + (\gamma + \beta\theta)^2]}{[4\beta\eta - (\gamma + \beta\theta)^2]^2}$，$\frac{dw^{G*}}{d\theta} = \frac{(\alpha - c\beta)(\phi - 2\beta^2\eta\theta)}{[4\beta\eta - (\gamma + \beta\theta)^2]^2}$，$\frac{dp^{G*}}{d\theta} = \frac{(\alpha - c\beta)(\phi + 2\beta\gamma\eta)}{[4\beta\eta - (\gamma + \beta\theta)^2]^2}$。可得推论 3－5。

推论 3－3 和推论 3－5 共同说明，无论政府是否实施补贴政策，在供应链成员寻求利润最大化为目标时，消费者绿色偏好和研发投入水平对供应链成员决策的作用机理都是类似的。只有当政府补贴的影响程度强于消费者偏好和技术限制所带来的影响，供应链成员的绿色决策才会产生根本转变。

推论 3－4 和推论 3－5 共同表明，尽管绿色度补贴系数增大会使产品的绿色度、供应链成员利润增大，但产品的价格并没有随补贴力度增大而始终减小，过低或者过高的补贴系数都会使产品价格有所提高。在过高的补贴系数下，制造商会提高研发投入力度，所产生的研发投入成本转化为批发价格并间接转移到零售价格；过低的补贴系数下，消费者绿色偏好对价格的影响大于补贴对价格的影响，因而产品的最终价格有所增长。当补贴系数维持在一定区间中，政府补贴支出会弥补企业因绿色研发投入支出和产品降价而产生的损失，从而使消费者在购买低价格、高环保的产品时受益。

3.2.3 生产成本补贴策略的模型（C）

当政府对制造商实施成本补贴策略时，制造商和零售商的利润函数表示为：

$$\pi_m^C = Q^C(w^C - c + \tau c) - \frac{1}{2}\eta e^{C2} \tag{3-8}$$

$$\pi_r^C = Q^C(p^C - w^C) \tag{3-9}$$

则供应链总利润可表示为：

$$\pi^C = \pi_m^C + \pi_r^C \tag{3-10}$$

命题 3-3：在政府实施成本补贴策略的情形下，绿色供应链的最优决策为 $p^{C*} = \frac{3\alpha\eta + c(\beta\eta - \gamma^2)(1-\tau)}{4\beta\eta - \gamma^2}$，$w^{C*} = \frac{2\alpha\eta + c(2\beta\eta - \gamma^2)(1-\tau)}{4\beta\eta - \gamma^2}$，$e^{C*} = \frac{\gamma[\alpha - c\beta(1-\tau)]}{4\beta\eta - \gamma^2}$。最优决策下制造商、零售商的利润、供应链总利润分别为 $\pi_m^{C*} = \frac{\eta[\alpha - c\beta(1-\tau)]^2}{2(4\beta\eta - \gamma^2)}$，$\pi_r^{C*} = \frac{\beta\eta^2[\alpha - c\beta(1-\tau)]^2}{(4\beta\eta - \gamma^2)^2}$，$\pi^{C*} = \frac{\eta(6\beta\eta - \gamma^2)[\alpha - c\beta(1-\tau)]^2}{2(4\beta\eta - \gamma^2)^2}$。

证明：证明过程同命题 3-1，只证明最优解存在条件。求得制造商利润函数关于 w^C 和 e^C 二阶偏导数所对应的 Hessian 矩阵 $\begin{bmatrix} -\beta & \frac{\gamma}{2} \\ \frac{\gamma}{2} & -\eta \end{bmatrix}$，当矩阵行列式 $\beta\eta - \frac{\gamma^2}{4} > 0$，可判定矩阵为负定。由 $Q > \alpha - \beta p$ 可推得 $\beta\eta - \gamma^2 > 0$，因此满足最优解存在条件。

从命题 3-3 可以看出，成本补贴系数是通过影响生产成本并间接影响到供应链成员的绿色决策以及利润，其作用机理固定且单一。在成本补贴策略下，制造商的生产成本对绿色决策产生更重要的影响。

推论 3－6：在政府对产品生产成本进行补贴的情形下，随着成本补贴系数增大，产品绿色度、制造商和零售商利润以及供应链总利润均增加，制造商的批发价格和零售商的销售价格均减小。

证明：求得$\frac{de^{C*}}{d\tau}=\frac{c\beta\gamma}{4\beta\eta-\gamma^2}>0$，$\frac{d\pi_m^{C*}}{d\tau}=\frac{c\beta\eta[\alpha-c\beta(1-\tau)]}{4\beta\eta-\gamma^2}>0$，$\frac{d\pi_r^{C*}}{d\tau}=\frac{2c\beta^2\eta^2[\alpha-c\beta(1-\tau)]}{(4\beta\eta-\gamma^2)^2}>0$，$\frac{d\pi^{C*}}{d\tau}=\frac{c\beta\eta(6\beta\eta-\gamma^2)[\alpha-c\beta(1-\tau)]}{(4\beta\eta-\gamma^2)^2}>0$，$\frac{dw^{C*}}{d\tau}=-\frac{c(2\beta\eta-\gamma^2)}{4\beta\eta-\gamma^2}<0$，$\frac{dp^{C*}}{d\tau}=-\frac{c(\beta\eta-\gamma^2)}{4\beta\eta-\gamma^2}<0$。

推论 3－6 进一步说明了成本补贴系数的作用机理，相较于政府实施绿色度补贴的情形，加大生产成本补贴力度只会使批发价格和零售价格均下降。这是由于政府对产品成本的补贴支出弥补了价格下降带来的损失，而降低价格扩大了绿色产品的市场需求，从而让供应链成员获得更高的收益。

推论 3－7：提高成本补贴系数对产品价格不产生边际效应，对绿色度、供应链成员利润和供应链总利润产生的边际递增效应。

证明：求得对应函数关于成本补贴系数的二阶导数$\frac{de^{C*}}{d\tau^2}=\frac{c^2\beta^2\eta}{4\beta\eta-\gamma^2}>0$，$\frac{dp^{C*}}{d\tau^2}=\frac{dw^{C*}}{d\tau^2}=0$，$\frac{d\pi_m^{C*}}{d\tau^2}=\frac{c^2\beta^2\eta}{4\beta\eta-\gamma^2}>0$，$\frac{d\pi_r^{C*}}{d\tau^2}=\frac{2c^2\beta^3\eta^2}{(4\beta\eta-\gamma^2)^2}>0$，$\frac{d\pi_r^{C*}}{d\tau^2}=\frac{c^2\beta^2\eta(6\beta\eta-\gamma^2)}{(4\beta\eta-\gamma^2)^2}>0$。

推论 3－7 表明，随着成本补贴系数增大，产品的降价幅度保持不变。尽管成本补贴力度增大对产品绿色度和利润产生边际效应，但由于产品绿色度和利润的增幅与补贴系数无关，则相较于绿色度补贴的情形而言，成本补贴的边际效应更稳定。

3.2.4 研发投入补贴策略的模型（R）

当政府实施成本补贴策略时，制造商、零售商的利润和供应链总利润函数表示为：

$$\pi_m^R = Q^R(w^R - c) - \frac{1}{2}(1-\varepsilon)\eta e^{R^2} \tag{3-11}$$

$$\pi_r^R = Q^R(p^R - w^R) \tag{3-12}$$

$$\pi^R = \pi_m^R + \pi_r^R \tag{3-13}$$

命题3-4：在政府实施成本补贴策略的情形下，绿色供应链的最优决策为 $p^{R*} = \frac{(3\alpha + c\beta)(1-\varepsilon)\eta - c\gamma^2}{4\beta(1-\varepsilon)\eta - \gamma^2}$，$w^{R*} = \frac{2(\alpha + c\beta)(1-\varepsilon)\eta - c\gamma^2}{4\beta(1-\varepsilon)\eta - \gamma^2}$，$e^{R*} = \frac{\gamma(\alpha - c\beta)}{4\beta(1-\varepsilon)\eta - \gamma^2}$。最优决策下制造商、零售商的利润、供应链总利润分别为 $\pi_m^{R*} = \frac{(\alpha - c\beta)^2(1-\varepsilon)\eta}{8\beta(1-\varepsilon)\eta - 2\gamma^2}$，$\pi_r^{R*} = \frac{\beta(\alpha - c\beta)^2(1-\varepsilon)^2\eta^2}{[4\beta(1-\varepsilon)\eta - \gamma^2]^2}$，$\pi^{R*} = \frac{(\alpha - c\beta)^2(1-\varepsilon)\eta[6\beta(1-\varepsilon)\eta - \gamma^2]}{2[4\beta(1-\varepsilon)\eta - \gamma^2]^2}$。其中，存在唯一最优解需满足的条件是 $4(1-\varepsilon)\beta\eta > \gamma^2$。

证明：证明过程同命题3-1，只证明最优解存在条件。求得制造商利润函数关于 w^R 和 e^R 二阶偏导数所对应的Hessian矩阵 $\begin{bmatrix} -\beta & \frac{\gamma}{2} \\ \frac{\gamma}{2} & -(1-\varepsilon)\eta \end{bmatrix}$，当矩阵行列式 $\beta\eta - \beta\varepsilon\eta - \frac{\gamma^2}{4} > 0$，可判定矩阵为负定。

推论3-8：在政府对制造商实施研发投入补贴策略的情形下，当研发补贴系数升高时，产品的绿色度、批发价格、零售价格、供应链成员利润均相应增大。

证明：求得对应函数关于成本补贴系数的一阶导数 $\frac{de^{R*}}{d\varepsilon}=\frac{4\beta(\alpha-c\beta)\gamma\eta}{[4\beta(1-\varepsilon)\eta-\gamma^2]^2}>0$，$\frac{dw^{R*}}{d\varepsilon}=\frac{2(\alpha-c\beta)\gamma^2\eta}{[4\beta(-1+\varepsilon)\eta-\gamma^2]^2}>0$，$\frac{dp^{R*}}{d\varepsilon}=\frac{3(\alpha-c\beta)\gamma^2\eta}{[4\beta(1-\varepsilon)\eta-\gamma^2]^2}>0$，$\frac{d\pi_m^{R*}}{d\varepsilon}=\frac{(\alpha-c\beta)^2\gamma^2\eta}{2[4\beta(1-\varepsilon)\eta-\gamma^2]^2}>0$，$\frac{d\pi_r^{R*}}{d\varepsilon}=\frac{2\beta(\alpha-c\beta)^2\gamma^2(1-\varepsilon)\eta^2}{[4\beta(1-\varepsilon)\eta-\gamma^2]^3}>0$，$\frac{d\pi^{R*}}{d\varepsilon}=\frac{(\alpha-c\beta)^2\gamma^2\eta[8\beta(1-\varepsilon)\eta-\gamma^2]}{2[4\beta(1-\varepsilon)\eta-\gamma^2]^3}>0$。

推论 3－8 表明，随着补贴系数增加，研发投入补贴情形下产品价格是上升的，这与成本补贴情形下的价格决策是相反的，其原因在于政府的激励方式侧重于企业的创新研发，使得制造商研发投入支出增大，而政府补贴支出又不足以弥补研发支出，因而产品价格并没有降低。相较于绿色度补贴情形下企业定价决策的不确定，研发投入补贴导致产品价格升高。

推论 3－4、推论 3－6、推论 3－8 共同表明，三种补贴策略对提升产品的绿色度以及供应链成员利润均产生正面影响，但不同补贴策略对产品定价决策的影响是不同的，其原因在于研发投入补贴与产量脱钩，企业只能通过更高的产品定价实现利润最优；绿色度补贴和成本补贴与产量挂钩，因而企业有可能通过降低产品定价以实现最大利润；在绿色度补贴情形下，企业依然可能提升产品定价，这说明该情形下企业因生产高绿色产品而适当涨价的行为是消费者可接受的。

推论 3－9：研发补贴情形下，提高研发投入补贴系数对产品的绿色度、制造商的批发价格、零售商的销售价格、供应链成员利润和总利润均产生边际递增效应。

证明：求得对应函数关于成本补贴系数的二阶导数 $\frac{de^{R*}}{d\varepsilon^2}=\frac{32\beta^2(\alpha-c\beta)\gamma\eta^2}{[4\beta(1-\varepsilon)\eta-\gamma^2]^3}>0$，$\frac{dp^{R*}}{d\varepsilon^2}=\frac{24\beta(\alpha-c\beta)\gamma^2\eta^2}{[4\beta(1-\varepsilon)\eta-\gamma^2]^3}>0$，$\frac{dw^{C*}}{d\tau^2}=\frac{16\beta(\alpha-c\beta)\gamma^2\eta^2}{[4\beta(1-\varepsilon)\eta-\gamma^2]^3}>0$，$\frac{d\pi_m^{R*}}{d\varepsilon^2}=\frac{4\beta(\alpha-c\beta)^2\gamma^2\eta^2}{[4\beta(1-\varepsilon)\eta-\gamma^2]^3}>0$，$\frac{d\pi_r^{R*}}{d\varepsilon^2}=$

$\frac{2\beta(\alpha-c\beta)^2\gamma^2\eta^2[\gamma^2+8\beta(1-\varepsilon)\eta]}{[4\beta(1-\varepsilon)\eta-\gamma^2]^4}>0$，$\frac{d\pi_r^{R*}}{d\varepsilon^2}=\frac{2\beta(\alpha-c\beta)^2\gamma^2\eta^2[16\beta(1-\varepsilon)\eta-\gamma^2]}{[4\beta(1-\varepsilon)\eta-\gamma^2]^4}>0$。

推论3-9表明，提升研发投入补贴的力度会放大该补贴策略对企业绿色决策的影响，并为供应链成员带来更高的利润增幅。推论3-4、推论3-7、推论3-9共同表明，对于产品的绿色度和供应链利润而言，不同补贴策略均产生边际递增效应，但对于产品价格的影响各不相同。

企业定价决策不同导致消费者对于绿色产品的购买意愿也存在差异。通常消费者总倾向于购买价格更低而环保程度更高的绿色产品。政府对制造商补贴的根本意义也在于扩大价廉物美的绿色产品在市场中所占的份额和影响力。因此，本节参考 Dai[13] 的研究，引入新的衡量标准（绿色价格绩效比），其定义为消费者购买绿色产品后，支付单位价格所得到的绿色度，用以衡量消费者对绿色产品的购买意愿。绿色价格绩效比越高则产品的绿色性价比越高，具有绿色偏好的消费者购买产品的意愿也越高。绿色价格绩效比的函数表示为$R_{ep}=e/p$。

命题3-5：在政府无补贴和采用不同补贴策略的情形下，对应的绿色价格绩效比分别为$R_{ep}^{N*}=\frac{(\alpha-c\beta)\gamma}{3\alpha\eta+c\beta\eta-c\gamma^2}$，$R_{ep}^{G*}=\frac{(\alpha-c\beta)(\gamma+\beta\theta)}{3\alpha\eta+c(\beta\eta-\gamma^2-\beta\gamma\theta)-\alpha\theta(\gamma+\beta\theta)}$，$R_{ep}^{C*}=\frac{\gamma[\alpha-c\beta(1-\tau)]}{3\alpha\eta+c(\beta\eta-\gamma^2)(1-\tau)}$，$R_{ep}^{R*}=\frac{(\alpha-c\beta)\gamma}{(3\alpha+c\beta)(1-\varepsilon)\eta-c\gamma^2}$。

结合推论3-1，命题3-5表明绿色价格绩效比与绿色偏好水平正相关，与研发投入水平负相关，且由$\frac{dR_{ep}^{G*}}{d\theta}>0$，$\frac{dR_{ep}^{C*}}{d\tau}>0$，$\frac{dR_{ep}^{R*}}{d\varepsilon}>0$可知，增大补贴系数导致绿色价格绩效比上升。因此，无论政府采用何种补贴策略，虽然对产品的最终定价产生不同影响，但产品的绿色性价比均会提高，这也提升了消费者购买绿色产品的意愿。

3.3　不同政府补贴策略的比较

3.3.1　单目标评价下的不同补贴策略比较

由上一节分析可知，政府采用不同补贴策略对制造商进行补贴后，均会使产品绿色度、绿色绩效价格比、供应链成员利润以及总利润有所增加，产品价格也随之产生改变。由于不同补贴策略产生的补贴支出不相等，因此本节比较了相同补贴支出下不同补贴策略对绿色度、产品价格、供应链成员利润等单个指标的补贴效果差异。

命题3－6：政府对制造商补贴的情形下，三种补贴策略对应的补贴支出函数可表示为$S^{G*}=\frac{\beta(\alpha-c\beta)^2\eta\theta(\gamma+\beta\theta)}{(4\beta\eta-\gamma^2-2\beta\gamma\theta-\beta^2\theta^2)^2}$，$S^{C*}=\frac{c\beta\eta(\alpha+c\beta\tau-c\beta)\tau}{4\beta\eta-\gamma^2}$，$S^{R*}=\frac{(\alpha-c\beta)^2\gamma^2\varepsilon\eta}{2(4\beta\eta-\gamma^2-4\beta\varepsilon\eta)^2}$。补贴支出相等时不同补贴系数的对应关系式为$\tau=\frac{\alpha-\beta c}{2\beta c}\left(\sqrt{\frac{4\beta\theta(4\beta\gamma\eta+4\beta^2\eta\theta-\beta\gamma^2\theta-\gamma^3)}{[4\beta\eta-(\gamma+\beta\theta)^2]^2}+1}-1\right)$，$\varepsilon=\frac{(\sqrt{\gamma^2\delta^2+64\beta^2\eta^2-16\beta\gamma^2\eta}-\gamma\delta)^2}{64\beta^2\eta^2}$，其中$\varphi=\frac{4\beta\eta-\gamma^2-2\beta\gamma\theta-\beta^2\theta^2}{\sqrt{2\beta\gamma\theta+2\beta^2\theta^2}}$。

命题3－6的补贴支出函数表明，补贴支出随补贴系数升高而增大。补贴支出相等时得到三种策略的补贴系数对应关系，为比较不同策略的补贴效果解决可比性问题。

推论3－10：政府对制造商实行产量挂钩补贴的情形下，绿色度补贴策略下单位补贴支出小于成本补贴策略。

证明：绿色度补贴策略和成本补贴策略下单位补贴支出分别为θe^{G*}、$c\tau$，需证明$\theta e^{G*}<c\tau$。利用反证法，假设$\theta e^{G*}\geq c\tau$。将命题3－2中e^{G*}

的表达式和命题 3 - 6 中补贴系数 τ 的表达式代入不等式，整理后得到 $\frac{2\beta\theta(\gamma+\beta\theta)}{4\beta\eta-(\gamma+\beta\theta)^2}+1\geqslant\sqrt{1+\frac{4\beta(4\beta\eta-\gamma^2)\theta(\gamma+\beta\theta)}{[4\beta\eta-(\gamma+\beta\theta)^2]^2}}$，不等式两边平方后整理得到 $1-\frac{\beta\gamma\theta}{4\beta\eta-\gamma^2}\geqslant 1$，当 θ 不等于 0 时，显然不等式无解，因此假设不成立，则 $\theta e^{G*}<c\tau$。

推论 3 - 10 表明，政府对制造商生产单个产品的成本补贴支出高于绿色度补贴支出，其差额为 $c\tau-\theta e^{G*}$，同时该推论也表明，如果政府补贴支出相等，由两种补贴策略的定义式可知绿色度补贴策略的均衡产量大于成本补贴，因此采用绿色度补贴策略比成本补贴策略更容易提升绿色产品的市场规模。

推论 3 - 11：政府对制造商实施补贴政策的情形下，补贴支出相等时不同策略对产品绿色度的影响为 $e^{R*}>e^{G*}>e^{C*}$。

证明：利用反证法首先证明 $e^{R*}>e^{G*}$。假设 $e^{R*}\leqslant e^{G*}$ 可得到 $\frac{\gamma(\alpha-\beta c)}{4\beta\eta-4\beta\varepsilon\eta-\gamma^2}\leqslant\frac{\alpha\gamma-c\beta\gamma+\alpha\beta\theta-c\beta^2\theta}{4\beta\eta-(\gamma+\beta\theta)^2}$，由补贴支出相等的条件，整理后可得到 $\varepsilon\geqslant\frac{2\beta\theta}{\gamma+\beta\theta}$。将命题 3 - 6 中补贴系数 ε 对应关系式代入不等式，整理后得到 $4\beta^2\eta\theta-\beta\gamma^2\theta-\beta^2\gamma\theta^2\leqslant 0$，与绿色度补贴策略下存在最优解的条件矛盾，因此假设不成立。用反证法继续证明 $e^{G*}>e^{C*}$。假设 $e^{G*}\leqslant e^{C*}$ 可得到 $\frac{\alpha\gamma+\alpha\beta\theta-c\beta\gamma-c\beta^2\theta}{4\beta\eta-4\beta\varepsilon\eta-\gamma^2}\leqslant\frac{\alpha\gamma-c\beta\gamma+c\beta\gamma\tau}{4\beta\eta-\gamma^2}$。将补贴系数 τ 的关系式代入不等式，整理后得到 $\beta^2\theta(16\eta+\gamma\theta)\leqslant 0$，因此假设不成立。

推论 3 - 11 表明，在补贴系数均为 0 的情形下，三种决策模型的产品绿色度相等。当政府对制造商实施补贴政策时，政府补贴力度的变化并不影响补贴策略的选择，研发投入补贴策略始终更有利于产品的绿色度提升。原因在于，相同补贴支出下政府对产品进行成本补贴后直接降低了产品的生产成本，结合推论 3 - 6 使政府补贴效果主要反映在制造商降价决策上；

结合推论 3-5 可知，实施绿色度补贴后企业定价决策不确定，使补贴效果综合反映在产品的价格和绿色度两方面；而政府实施研发补贴后，推论 3-8 表明企业始终会提高产品价格，使得补贴效果完全体现在产品的绿色度。

推论 3-12：政府对制造商实施补贴政策的情形下，补贴支出相等时不同策略对产品批发价格的影响为 $w^{R*} > w^{G*} > w^{C*}$。

证明：求得绿色度补贴策略下制造商利润关于批发价格的一阶导数 $\frac{\partial\pi_m^G}{\partial w^G} = \frac{1}{2}[\alpha + e\gamma + \beta(c - 2w - e\theta)]$ 并令其等于 0，得到 $w^{G*} = \frac{\alpha + c\beta + e^{G*}\gamma - \beta e^{G*}\theta}{2\beta}$，同理得到 $w^{C*} = \frac{\alpha + c\beta + e^{C*}\gamma - \beta c\tau}{2\beta}$，$w^{R*} = \frac{\alpha + c\beta + e^{R*}\gamma}{2\beta}$。由推论 3-10、推论 3-11 观察可知 $w^{R*} > w^{G*} > w^{C*}$ 成立。

推论 3-13：政府对制造商实施补贴政策的情形下，补贴支出相等时不同策略对产品零售价格的影响为 $p^{R*} > p^{G*} > p^{C*}$。

证明：由于 $p^{R*} = \frac{\alpha + w^{R*}\beta + e^{R*}\gamma}{2\beta}$，$p^{G*} = \frac{\alpha + w^{G*}\beta + e^{G*}\gamma}{2\beta}$，$p^{C*} = \frac{\alpha + w^{C*}\beta + e^{C*}\gamma}{2\beta}$，结合推论 3-11、推论 3-12 可知 $p^{R*} > p^{G*} > p^{C*}$。

推论 3-12、推论 3-13 共同表明，政府补贴支出相等时研发投入策略下产品的批发价格、零售价格始终最高，其次是绿色度补贴策略，成本补贴下的产品价格最低。一方面，这与不同补贴策略下制造商的定价决策有关，研发投入补贴下批发价格始终高于不补贴情形且随着补贴系数增大存在边际递增效应，绿色度补贴下则不确定，而成本补贴策略下制造商始终为降价决策并且无边际效应；另一方面，从批发价格和零售价格的均衡表达式可以看出，批发价格由产品绿色度和补贴系数决定，相同补贴支出下产品绿色度的排序关系决定了批发价格的排序，零售价格由产品绿色度和批发价格决定，因此不同策略下产品绿色度排序也间接决定了企业的定价决策，从而有推论所述的排序关系。

推论 3 – 14：政府对制造商实施补贴政策的情形下，补贴支出相等时不同策略对制造商利润的影响为$\pi_m^{C*} > \pi_m^{G*} > \pi_m^{R*}$。

证明：利用反证法首先证明$\pi_m^{C*} > \pi_m^{G*}$。假设$\pi_m^{C*} \leqslant \pi_m^{G*}$可得到$\frac{\eta[\alpha-\beta c(1-\tau)]^2}{8\beta\eta-2\gamma^2} \leqslant \frac{\eta(\alpha-\beta c)^2}{8\beta\eta-2(\beta\theta+\gamma)^2}$，整理后得到$\frac{\alpha-\beta c(1-\tau)}{\alpha-\beta c} \leqslant \sqrt{\frac{4\beta\eta-\gamma^2}{4\beta\eta-(\gamma+\beta\theta)^2}}$，将$\tau$的关系式代入不等式并整理得到$\frac{\gamma+\beta\theta}{4\beta\eta-(\gamma+\beta\theta)^2} \leqslant \frac{2\gamma+\beta\theta}{2(4\beta\eta-\gamma^2)}$，该不等式不成立。继续用反证法证明$\pi_m^{G*} > \pi_m^{R*}$也成立。假设$\pi_m^{G*} \leqslant \pi_m^{R*}$可得到$4\beta\eta-\gamma^2-4\beta\eta\varepsilon \leqslant (1-\varepsilon)[4\beta\eta-(\gamma+\beta\theta)^2]$，将$\varepsilon$对应关系式代入不等式整理后得到$3\beta\gamma\theta+\beta^2\theta^2 \leqslant 0$，该不等式不成立。因此所述推论成立。

推论 3 – 14 表明，在政府对制造商实施补贴政策的情形下，成本补贴策略使制造商获利最大，补贴力度的改变不影响以制造商利润为评价效果的政府补贴策略选择。原因在于，成本补贴对产量的影响是单方面的，推论 3 – 6 继续说明成本补贴会提升产品绿色度并降低产品价格，因而绿色产品能获得更高的市场需求，结合推论 3 – 7 可知成本补贴策略为供应链利润带来边际递增效应，从而使制造商获利最大；绿色度产品绿色度补贴对供应链有双重影响，一方面企业定价决策不确定，另一方面更高的产品绿色度扩大了市场需求，但更高的绿色度所支付的研发成本有边际递增效应。结合推论 3 – 11，尽管绿色度补贴比成本补贴带来更高的产品绿色度，但是推论 3 – 1 表明消费者的绿色偏好对供应链成员利润的帮助主要反映在零售商，对于制造商利润增长的作用有限，因此成本补贴对制造商利润提升的帮助大于绿色度补贴；成本补贴和绿色度补贴都与产量挂钩，而研发补贴与产量脱钩。制造商无法从绿色度提升带来的市场规模扩大中进一步获取补贴，因此研发补贴对制造商利润提升的帮助最小。

推论 3 – 15：政府对制造商实施补贴政策的情形下，补贴支出相等时不同策略对制造商利润的影响为：（1）存在补贴系数值 ω，当 $\varepsilon \leqslant \omega$，$\pi_r^{G*} > \pi_r^{R*} \geqslant \pi_r^{C*}$；（2）当 $\varepsilon > \omega$，$\pi_r^{G*} > \pi_r^{C*} > \pi_r^{R*}$。

证明：利用反证法首先证明 $\pi_r^{G*} > \pi_r^{R*}$ 和 $\pi_r^{G*} \geqslant \pi_r^{C*}$ 都成立。假设 $\pi_r^{G*} \leqslant \pi_r^{R*}$ 可得到与推论 3 - 14 一致的矛盾结论，同理可证 $\pi_r^{G*} \geqslant \pi_r^{C*}$ 也成立。继续用反证法证明正数 ω 存在。令 ω 为 0.5，当 $\varepsilon < 0.5$ 时假设有 $\pi_r^{R*} < \pi_r^{C*}$，可得到 $\frac{4\beta\eta - 4\beta\varepsilon\eta + \gamma^2\varepsilon - \gamma^2}{4\beta\eta(1-\varepsilon) - \gamma^2} < \frac{\alpha - \beta c + \beta c\tau}{\alpha - \beta c}$，将 $\tau = \frac{\alpha - \beta c}{2\beta c}\left(\sqrt{\frac{8\beta\gamma^2\varepsilon\eta - 2\gamma^4\varepsilon}{(4\beta\eta - \gamma^2 - 4\beta\eta\varepsilon)^2} + 1} - 1\right)$ 代入不等式并整理后得到 $\varepsilon > 0.5$，与假设矛盾。因此当 $\varepsilon < 0.5$ 时 $\pi_r^{R*} > \pi_r^{C*}$。同理重新赋值 ω 为 1 后继续利用反证法可证 $\pi_r^{C*} > \pi_r^{R*}$，因此存在正数 ω 满足所述推论。

推论 3 - 15 表明，绿色度补贴使零售商始终获得不同补贴策略中的最大收益，原因在于，一方面制造商承担了所有绿色研发支出，另一方面绿色度提升对零售商利润增长的影响大于制造商，因此零售商更倾向于政府采用绿色度补贴策略。但是，补贴力度大小影响到研发补贴策略与成本补贴策略的排序关系。若政府对制造商的补贴力度较低，研发投入对零售商利润产生的边际效应高于成本补贴，因此相同补贴支出下零售商在研发投入补贴的情形下比成本补贴情形下获得更高利润；随着补贴系数增大，由于研发补贴与产量脱钩，因而成本补贴更有利于形成产量的规模效应，带来更强的零售商利润边际效应，为制造商带来更高利润的同时也纵向溢出至零售商的利润。因此在较高的补贴力度下，与产量挂钩的补贴策略会使零售商收益更大。

3.3.2　不同补贴策略的综合效率比较分析

上一节考虑了单个目标下的补贴策略排序问题。但是，单从某个指标看补贴策略的成效往往很难把握整体状况，政府通常会综合多方面指标来衡量补贴策略优劣。数据包络分析（DEA）是多输入、多输出指标评价的重要分析工具，DEA 模型的非参数估计较为客观。因此，本节以不同补贴策略、补贴系数为依据来划分决策单元（DMU），选取输入、输出指标，构建出 DEA 模型并对多个目标下的补贴策略进行排序比较。输入指标（或输出指标）的选择依据是，指标值对应取最小值（或最大值）更为有利，则将批发价格、零售价格视为输入指标，将绿色度、制造商利润、零售商利润、绿色价格绩效比视为输出指标。

为了一般化指标评价过程，补偿性 DEA 模型的构建和求解过程如下：

考虑 n 个决策单元，每个决策单元有 m 项投入，s 项产出。设$x_{ij}(i=1,2,\cdots,m)$和$y_{rj}(r=1,2,\cdots,s)$分别表示决策单元$DMU_j(j=1,2,\cdots,n)$的第 i 项投入和第 r 项产出，对给定的决策单元DMU_h，传统的 DEA 模型（C^2R 模型）可以表示为[99]：

$$(\mathbf{M1})\ \max\cdot\rho_h=\frac{\sum_{r=1}^{s}y_{rh}u_{rh}}{\sum_{i=1}^{m}x_{ih}v_{ih}}$$

$$\text{s. t.}\ \cdot\frac{\sum_{r=1}^{s}y_{rj}u_{rh}}{\sum_{i=1}^{m}x_{ij}v_{ih}}\leqslant 1,j=1,2,\cdots,n$$

$$\cdot\ u_{rh},v_{ih}\geqslant 0,r=1,2,\cdots,s,i=1,2,\cdots,m \tag{3-14}$$

式中 $v_{ih}(i=1,2,\cdots,m)$和 $u_{rh}(r=1,2,\cdots,s)$分别表示第 i 项投入和第 r 项产出的权重，ρ_h表示决策单元DMU_h的效率值。

在实践应用中，C^2R 模型往往会有多个决策单元同时取到最大值，补偿性 DEA 模型可以在一定程度上解决这个问题。假定所有决策单元的效率值之和为 1，不同效率值之间具有补偿性，避免了多个决策单元的最大效率值相同的情形。同时，借鉴了 Khodabakhshi 提出的补偿性 DEA 模型求解方法[100]，其求解的主要思路为：分别求得每个决策单元的最大和最小效率值，再将两者以固定比例组合，最终确定出每个决策单元的效率。

补偿性 DEA 模型可表示为：

$$(\mathbf{M2})\max \text{ and } \min \cdot \rho_h = \frac{\sum_{r=1}^{s} y_{rh}u_{rh}}{\sum_{i=1}^{m} x_{ih}v_{ih}}$$

$$\text{s. t.} \cdot \frac{\sum_{r=1}^{s} y_{r1}u_{rh}}{\sum_{i=1}^{m} x_{i1}v_{ih}} + \frac{\sum_{r=1}^{s} y_{r2}u_{rh}}{\sum_{i=1}^{m} x_{i2}v_{ih}} + \cdots + \frac{\sum_{r=1}^{s} y_{rn}u_{rh}}{\sum_{i=1}^{m} x_{in}v_{ih}} = 1$$

$$\cdot\ u_{rh}, v_{ih} \geqslant 0, r = 1,2,\cdots,s, i = 1,2,\cdots,m \tag{3-15}$$

补偿性 DEA 模型（M2）是一个分式规划，通常有多个局部最优解，因而计算较困难。为了将模型（M2）转化为一个线性规划问题，令 $\rho_j = \frac{\sum_{r=1}^{s} y_{rj}u_{rh}}{\sum_{i=1}^{m} x_{ij}v_{ih}}, j = 1,2,\cdots,n$，并设 $\sum_{i=1}^{m} x_{ih}v_{ih} = 1$，则模型（M2）转化为（M3）。

$$(\mathbf{M3})\max \text{ and } \min \cdot \rho_h = \sum_{r=1}^{s} y_{rh}u_{rh}$$

$$\text{s. t.} \cdot \sum_{i=1}^{m} x_{ih}v_{ih} = 1$$

$$\cdot\ \rho_j \sum_{i=1}^{m} x_{ij}v_{ih} - \sum_{r=1}^{s} y_{rj}u_{rh} = 0, j = 1,2,\cdots,n$$

$$\cdot \sum_{j=1}^{n} \rho_j = 1$$

$$\cdot\ u_{rh}, v_{ih}, \rho_j \geqslant 0, r = 1,2,\cdots,s, i = 1,2,\cdots,m, j = 1,2,\cdots,n \tag{3-16}$$

令 $w_{ijh} = v_{ih}\rho_j$，则模型（M3）进一步转化为：

$$
\begin{aligned}
(\mathbf{M4})\ \max \text{ and } \min \cdot \rho_h &= \sum_{r=1}^{s} y_{rh} u_{rh} \\
\text{s.t.} \cdot & \sum_{i=1}^{m} x_{ih} v_{ih} = 1 \\
& \cdot \sum_{i=1}^{m} x_{ij} w_{ijh} - \sum_{r=1}^{s} y_{rj} u_{rh} = 0, j = 1,2,\cdots,n \\
& \cdot \sum_{j=1}^{n} w_{ijh} = v_{ih}, i = 1,2,\cdots,m \\
& \cdot u_{rh}, v_{ih}, w_{ijh} \geqslant 0, r = 1,2,\cdots,s, i = 1,2,\cdots,m, j = 1,2,\cdots,n
\end{aligned}
\tag{3-17}
$$

通过模型（M4），求解出目标的最大值和最小值，两者给出了该目标在有效解集中的取值范围，即：

$$\rho_j = \rho_j^{min} \lambda_j + \rho_j^{max}(1 - \lambda_j) \tag{3-18}$$

为了更公平地求解决策单元的效率，假定λ_j均等于 λ。因此，ρ_j可以线性表示为：

$$\rho_j = \rho_j^{min} \lambda + \rho_j^{max}(1 - \lambda) \tag{3-19}$$

由所有决策单元的效率值之和为 1，可求得：

$$\lambda = \frac{1 - \sum_{j=1}^{n} \rho_j^{max}}{\sum_{j=1}^{n} (\rho_j^{min} - \rho_j^{max})} \tag{3-20}$$

将式（3－20）代入式（3－19）可得到每个决策单元的效率。数值分析将在 3. 4. 3 节给出。

3.4　算例分析

3.4.1　不同补贴策略下补贴系数对绿色供应链决策的影响

为了进一步观察不同补贴策略对供应链绿色决策的影响，本节通过算例分析考察三种补贴策略的效果。参考温兴琦[101]的研究，将博弈模型中各参数设置为 $\alpha=100$，$\beta=5$，$\gamma=3$，$\eta=2$，$c=8$，参考我国新能源汽车推广补贴方案，将补贴系数变动范围定为 0 ~ 0.35，分别比较不同策略下批发价格、零售价格、产品绿色度和绿色价格绩效比、制造商和零售商利润以及供应链总利润的补贴效果。

图 3 – 1 是在政府对制造商实施不同补贴策略的情形下，政府补贴支出相同时制造商的批发价格、零售商的销售价格以及产品绿色度受到补贴系数调整所产生的决策变化。图中不同策略下绿色度的相对大小关系与推论 3 – 11 一致。首先，随着不同策略下补贴力度分别增大，研发补贴策略始终为产品带来最高的产品绿色度，绿色度补贴策略次之，不同策略之间的补贴效果区分度随着补贴系数增大而增大。其次，不同策略对批发价格的影响也随补贴系数升高而增大，与推论 3 – 12 一致。其中，在研发补贴策略下，批发价格始终增加，其增长幅度也随补贴系数升高而逐渐增大，这与推论 3 – 8、推论 3 – 9 是一致的；在成本补贴策略下，尽管图中看出批发价格随补贴系数升高而产生了边际递减效应，但推论 3 – 7 表明成本补贴系数不会对价格产生边际效应，这是由于在相同补贴支出下补贴系数经过换算后导致的，经过可比条件换算后的成本补贴系数与研发补贴系数均不再是等比例增加，因而与推论 3 – 7 并不矛盾，成本补贴策略下零售价格的变化规律也同理；在绿色度补贴策略下，批发价格呈现先上升后下降的倒“U”型规律，在补贴系数从 0 增大至 0.31 时，批发价格从 15.741 升高至 16.051，随着补贴系数继续增大至 0.35，批发价格降低至 16.043，这与推论 3 – 5 是一致的。最后，不同补贴策略对零售价格的影响也随补贴系数增大而增大，其中研发补贴策略在补贴变动范围内使零售价格最高，绿色度补贴策略次之，两者均带来零售价格上升的影响，而成本补贴策略则使零售价格下降，与推论 3 – 13 一致。

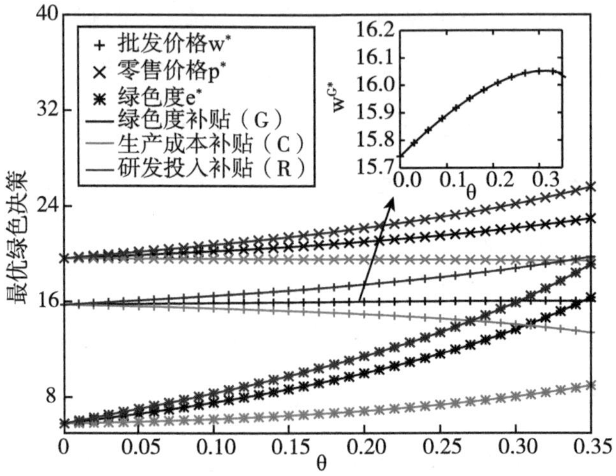

图 3-1　不同补贴策略对绿色决策的影响

评价政府补贴政策还需考虑到消费者对于价廉物美的绿色产品的诉求，因而在算例中考察绿色价格绩效比的变动情况会得到更为综合的补贴效果评价。图 3-2 表示了不同政府补贴策略对绿色价格绩效比的影响。随着政府补贴系数增大，三种策略所对应的绿色价格绩效比都增大，研发补贴策略下的绿色价格绩效比增速最快，绿色度补贴策略下的绩效比与之接近，且两者都明显高于成本补贴策略所产生的补贴效果，因而采用研发投入补贴策略和绿色度补贴策略都能较好地提高产品的绿色性价比。

图 3-3 考察了不同补贴策略对供应链成员利润的影响，随着补贴系数增大，制造商利润、零售商利润、供应链总利润均增大。从制造商利润来看，政府采用成本补贴策略为制造商带来最高的利润，其次是绿色度补贴策略，研发补贴策略带来的利润增速最为缓慢。从零售商利润来看，政府采用绿色度补贴策略对零售商利润提升最快，当 $\theta<0.29$ 时，研发补贴策略带来的利润增长高于成本补贴策略，此时对应的 ε 为 0.49，随着补贴系数继续增大，成本补贴策略下的零售商利润高于研发补贴策略。从供应链总利润来看，其变化规律与零售商利润是一致的，但随着补贴系数增大，成本补贴策略和绿色度补贴策略的区分度并不高。

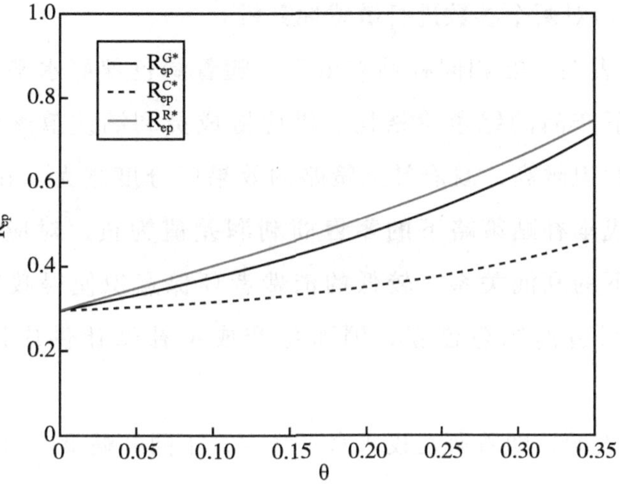

图3-2 不同补贴策略对绿色价格绩效比的影响

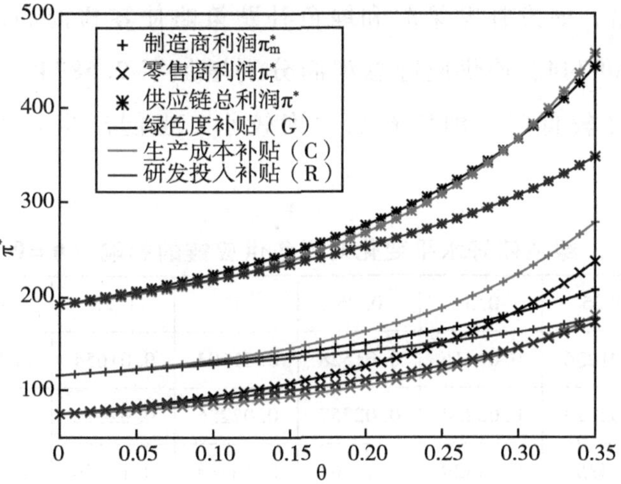

图3-3 不同补贴策略对供应链利润的影响

3.4.2 绿色偏好水平和研发投入水平对绿色供应链决策的影响

从上述推论可知，绿色偏好水平和研发投入水平不改变补贴策略的相对关系，但会影响绿色供应链决策。为了更清楚说明两者的影响，表3-2

和表 3－3 分别对两个参数进行敏感性分析。

表 3－2 表明，在相同补贴支出下，随着绿色偏好水平增大，在不同策略的影响下产品的绿色价格比、供应链成员利润差值逐渐升高，说明消费者环保意识越高，政府补贴策略的效果区分度越大。在 $\gamma=0.25$ 时，研发补贴与成本补贴策略下的零售商利润差值为负，对应于推论 3－14 中不同策略下的利润关系，较低的消费者环保意识使得政府很难通过研发补贴激励制造商绿色创新，因而生产成本补贴让供应链成员有更高收益。

表 3－3 表明，随着研发投入水平增大，不同补贴策略对应的产品绿色价格比、供应链成员利润之间的差值逐渐减小，说明绿色研发创新难度越高，政府补贴策略的效果区分度越小。当 $\theta=0.05$，$\eta=1.75$ 时，相较于成本补贴策略，研发补贴策略和绿色补贴策略使零售商利润分别增加了 4.02007、5.08744，使供应链总利润分别增加了 2.58942、4.40421。这说明研发难度较低时，即便补贴力度较小，也能产生较大的补贴效果差异。

表 3－2　绿色偏好水平变化对绿色供应链的影响（$\theta=0.05$）

γ	0.25	0.5	0.75	1	1.25	1.5	1.75
$R_{ep}^{R*}-R_{ep}^{G*}$	0.01236	0.01415	0.01528	0.01603	0.01654	0.01687	0.01706
$R_{ep}^{G*}-R_{ep}^{C*}$	0.02219	0.02234	0.02257	0.02286	0.02322	0.02367	0.02419
$\pi_m^{C*}-\pi_m^{G*}$	0.14351	0.14829	0.15563	0.16588	0.17956	0.19741	0.22046
$\pi_m^{G*}-\pi_m^{R*}$	0.20375	0.24474	0.27621	0.30338	0.32906	0.35506	0.38281
$\pi_r^{G*}-\pi_r^{R*}$	0.20480	0.24790	0.28287	0.31520	0.34807	0.38380	0.42453
$\pi_r^{R*}-\pi_r^{C*}$	－0.06274	0.04143	0.16334	0.30261	0.46219	0.64742	0.86614
$\pi^{G*}-\pi^{R*}$	0.40855	0.49263	0.55909	0.61859	0.67712	0.73886	0.80734
$\pi^{R*}-\pi^{C*}$	－0.41000	－0.35160	－0.26850	－0.16666	－0.04643	0.09495	0.26288

表 3-3　研发投入水平变化对绿色供应链的影响（θ=0.05）

η	1.75	2.25	2.75	3.25	3.75	4.25	4.75
$R_{ep}^{R*}-R_{ep}^{G*}$	0.01790	0.01488	0.01261	0.01090	0.00958	0.00854	0.00770
$R_{ep}^{G*}-R_{ep}^{C*}$	0.03355	0.02447	0.01922	0.01582	0.01343	0.01166	0.01031
$\pi_m^{C*}-\pi_m^{G*}$	0.68322	0.37978	0.25256	0.18554	0.14511	0.11841	0.09963
$\pi_m^{G*}-\pi_m^{R*}$	0.74742	0.49801	0.37150	0.29560	0.24519	0.20934	0.18257
$\pi_r^{G*}-\pi_r^{R*}$	1.06737	0.64938	0.45904	0.35247	0.28505	0.23880	0.20523
$\pi_r^{R*}-\pi_r^{C*}$	4.02007	2.44823	1.73151	1.32993	1.07573	0.90133	0.77468
$\pi^{G*}-\pi^{R*}$	1.81479	1.14739	0.83054	0.64808	0.53024	0.44814	0.38780
$\pi^{R*}-\pi^{C*}$	2.58942	1.57044	1.10745	0.84879	0.68543	0.57358	0.49248

3.4.3　多评价指标下的政府补贴策略的效率评价

本节将批发价格、零售价格视为输入指标，将绿色度、制造商利润、零售商利润、绿色价格绩效比视为输出指标，在补贴支出相等条件下得到三种补贴策略所对应的补贴系数，基于补偿性 DEA 模型给出三种政府补贴策略的效率评价排序。书中选取的 30 组决策单元如表 3-4 所示。其中，DMU_1 到 DMU_{10} 表示了绿色度补贴策略下补贴系数 θ 从 0.035 依次调整到 0.35；DMU_{11} 到 DMU_{20} 表示了成本补贴策略下补贴系数 τ 从 0.028 依次调整到 0.821；DMU_{21} 到 DMU_{30} 表示了研发投入补贴策略下补贴系数 ε 从 0.100 依次调整到 0.539，表中每一行的补贴支出 S 均对应相等。

表 3-4　不同补贴策略下决策单元的补贴系数和补贴支出

DMU	θ	S^G	DMU	τ	S^C	DMU	ε	S^R
1	0.035	4.469	4	0.14	26.940	7	0.245	75.958
2	0.07	10.194	5	0.175	39.109	8	0.28	104.110
3	0.105	17.524	6	0.21	54.985	9	0.315	142.670

续表

DMU	θ	S^G	DMU	τ	S^C	DMU	ε	S^R
10	0.35	196.832	17	0.389	75.958	24	0.300	26.940
11	0.028	4.469	18	0.503	104.110	25	0.350	39.109
12	0.063	10.194	19	0.644	142.670	26	0.394	54.985
13	0.106	17.524	20	0.821	196.832	27	0.435	75.958
14	0.157	26.940	21	0.100	4.469	28	0.472	104.110
15	0.220	39.109	22	0.179	10.194	29	0.507	142.670
16	0.297	54.985	23	0.244	17.524	30	0.539	196.832

根据不同补贴策略的决策模型，分别计算出每个决策单元对应的输入指标、输出指标值（见附表3-1），并通过补偿性 DEA 模型求解方法计算出如表3-5所示的每个决策单元的效率及排序。

表3-5　不同补贴策略下决策单元的效率评价与排序

DMU	C^2R	本书方法	DMU	C^2R	本书方法	DMU	C^2R	本书方法
1	0.5648	0.0243（28）	11	0.5479	0.0238（30）	21	0.5728	0.0239（29）
2	0.5979	0.0256（25）	12	0.5653	0.0248（27）	22	0.6092	0.0252（26）
3	0.6337	0.0272（22）	13	0.5868	0.0259（24）	23	0.6444	0.0269（23）
4	0.6725	0.0295（18）	14	0.6135	0.0274（21）	24	0.6791	0.0286（20）
5	0.7146	0.0316（16）	15	0.6465	0.0293（19）	25	0.7183	0.0308（17）
6	0.7608	0.0337（13）	16	0.6876	0.0317（15）	26	0.7627	0.0327（14）
7	0.8116	0.0365（10）	17	0.7392	0.0348（11）	27	0.8076	0.0347（12）
8	0.8678	0.0405（6）	18	0.8046	0.0388（8）	28	0.8675	0.0369（9）
9	0.9302	0.0455（3）	19	0.8889	0.0442（4）	29	0.9314	0.0393（7）
10	1	0.0520（1）	20	1	0.0518（2）	30	1	0.0420（5）

为了更清晰地观察排序结果，将表3-5中的效率值进行标准化，得到

图 3－4 所示的决策单元的效率评估。

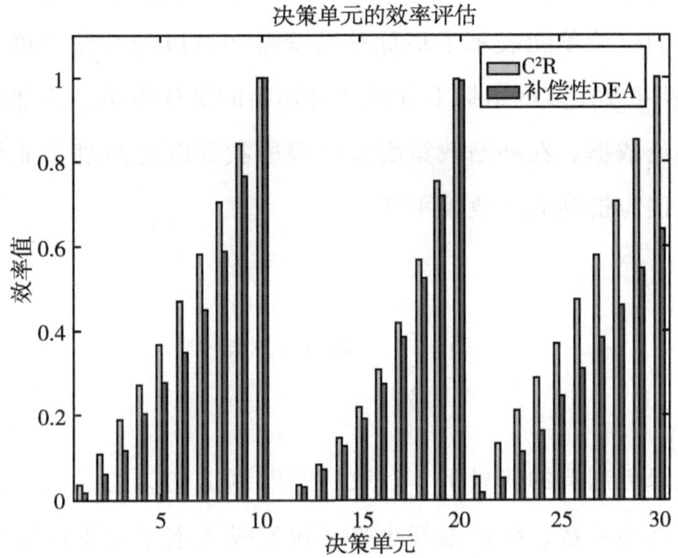

图 3－4 决策单元的效率评价（标准化）

以上图表共同表明，C^2R 模型下出现多组效率值为 1 的情况，无法对决策单元进行有效排序，补偿性 DEA 模型则实现了决策单元的完全排序，结果表明：（1）在相同补贴支出的条件下，相对效率较高的是绿色度补贴策略，其余两种补贴策略视补贴系数大小而定。$DMU_1 \sim DMU_{10}$的效率值分别为所在行中排序最高的决策单元，这说明补贴支出相等时绿色度补贴策略的效率评价最佳；对比 $DMU_{17} \sim DMU_{20}$和 $DMU_{27} \sim DMU_{30}$两组效率值可知，若补贴系数较大，则成本补贴策略的相对效率高于研发补贴策略；对比 $DMU_{11} \sim DMU_{16}$和 $DMU_{21} \sim DMU_{26}$两组效率值可知，若补贴系数较小，则成本补贴策略的相对效率低于研发补贴策略。（2）在已知的补贴系数范围内，补贴系数越大，决策单元的相对效率越高。例如，$DMU_1 \sim DMU_{10}$分别表示绿色度补贴系数从 0.035 逐渐提高到 0.35 的 10 组决策单元，其对应的效率排序也逐渐升高。

综上，通过基于补偿性的 DEA 模型对不同补贴策略、不同补贴支出下的决策单元进行效率评价，其目的是描述多维指标下的补贴政策效果，相对效率最高的决策单元表示了最优补贴策略和对应的补贴力度。因此，通过 DEA 模型可以在多维指标下分析政府补贴的最优决策，为兼顾多个政策目标提供理论依据，在补贴政策实施过程中找到既能激励企业绿色制造又能提升绿色供应链利润的政策平衡点。

3.5 本章小结

本章在绿色制造的背景下，以政府补贴制造商为切入点，比较了三种补贴策略下补贴系数、绿色偏好水平、研发投入水平对供应链绿色决策的影响，分析了企业绿色创新的驱动因素和定价决策的形成机理，并对政府补贴策略的选择条件加以探讨。通过构建无补贴情形下绿色供应链决策模型、政府对制造商实施三种补贴策略模型，理论推导出模型的博弈均衡，并对主要考察的变量进行了算例分析。通过上述研究，得到如下主要结论：（1）绿色偏好水平和研发投入水平不改变补贴策略的相对关系，但会影响供应链的绿色决策和补贴效果区分度。当 γ 增大或 η 减小时，补贴策略之间的效果区分度增大，对供应链成员的绿色决策也产生更大影响。（2）政府补贴策略的选用时机可考虑不同策略对主要指标的影响，如果以绿色价格比作为评价标准，则可根据对产品价格和产品绿色度的侧重度，在绿色度补贴策略和研发投入补贴策略中选优。在多数情况下，生产成本补贴策略和绿色度补贴策略会让供应链成员获利更高，其中制造商更倾向于成本补贴，而零售商更倾向于绿色度补贴。（3）若只考量产品绿色度、批发价格、零售价格、制造商利润，则始终存在最优补贴策略，两者的补贴效果不受政府补贴系数变化的影响，但零售商利润、供应链总利润在补贴系数变动的情况下则不确定。

本章主要考察企业的静态决策，不考虑时间对供应链绿色决策变化的影响，然而企业绿色决策变化往往是渐进的，其绿色研发水平需要动态积累过程。本章节探讨了政府补贴对企业静态决策的影响，也就是只考虑到补贴的最终效果，无法探讨动态过程对最优补贴策略选择时机的影响，也无法表现出随着时间推移企业决策的动态成长性。因此，在动态供应链中不仅要考虑补贴的最终效果，也要关注演变过程中的补贴效果。实践中政府也往往在不同补贴周期中使用不同补贴策略，故补贴策略对企业动态决策的影响与静态决策的影响有所不同。因此，在第 4 章中将研究政府补贴策略对供应链动态决策的影响。

第 4 章

政府补贴策略对绿色供应链动态决策的影响

第 3 章研究了静态供应链中不同的政府补贴策略对绿色供应链决策的影响，未考虑技术更新、成本变动等一系列生产力发展的必然规律。老化的绿色技术表现出技术优势衰退、不适应生产发展的迹象，而新兴的绿色技术促成了竞争力、产品质量、生产成本的新型关系，随之也带来投入成本变动。此外，动态变化的市场环境会使制造商决策产生偏差，有可能导致绿色供应链系统不稳定，进而供应链成员的决策行为表现出一系列复杂特征。因此，本章节将从动态供应链角度，在绿色技术衰减效应、延迟效应和成本变动等动态因素下，分析不同政府补贴策略对绿色供应链动态决策影响以及供应链系统不稳定时双方决策行为的复杂性。

本章内容组织如下：4.1 节描述了问题和假设条件；4.2 节分别建立了绿色度补贴、生产成本补贴、研发投入补贴三种情况下的微分博弈模型并给出结论的理论推导过程；4.3 节以总补贴支出相同和稳态补贴支出相同作为可比性条件，分别对三种补贴策略的补贴效果进行比较分析；4.4 节为算例分析，描述补贴系数变化对动态绿色供应链决策的影响、决策随时间的演化轨迹以及系统参数变化对补贴效果产生的影响；4.5 节为绿色供应链决策行为的复杂性分析；4.6 节为本章小结。

4.1 问题描述与条件假设

本章在绿色供应链动态环境下研究以制造商为补贴对象的政府补贴策略优化问题。其中，绿色供应链由单个制造商主导者和单个零售商跟随者组成，两者构成 Stackelberg 微分博弈。考虑到制造商比零售商面临更大的环保压力，政府选定了三种补贴策略以激励制造商生产绿色产品。

针对主要问题对模型假设如下：

（1）消费者对绿色产品有一定的偏好[102]，倾向于购买价格低廉且绿色环保的产品，则 t 时刻的市场需求函数表示为：

$$Q(t) = \alpha - \beta p(t) + \gamma x(t) \tag{4-1}$$

其中，α 为市场基础规模，β 为价格偏好水平，γ 为绿色度偏好水平，$p(t)$ 为 t 时刻单位产品的零售价格，$x(t)$ 为 t 时刻单位产品的绿色度。

（2）产品绿色度是由绿色投入决定的时变动态过程[103]。随着绿色消费观念逐渐升级，消费者购买产品的绿色标准会逐渐提高，加上产业技术进步、设备更新等因素，导致绿色度存在自然衰减效应[104]，则 t 时刻的绿色度状态方程为：

$$\dot{x}(t) = \lambda u(t) - \delta x(t) \tag{4-2}$$

其中，$u(t)$ 为 t 时刻单位产品的绿色投入，λ 为绿色投入的有效系数，δ 为绿色度的衰减系数。

（3）产品的绿色度会增加额外的生产成本[105]，t 时刻单位产品的生产成本为：

$$c(t) = c_0 + c_e x(t) \tag{4-3}$$

其中，$c(t)$ 为 t 时刻单位产品的生产成本，c_0 为基础生产成本，c_e 为绿色度的成本折算系数。

(4) 研发投入成本是关于绿色投入的凸函数[106, 107]，即$\frac{1}{2}\eta u^2(t)$。其中，η 为研发投入水平。研发投入成本与产量无关，由制造商承担全部费用。

(5) 为了与静态模型的结果进行直接比较，借鉴温兴琦等[101]关于补贴策略的假设，将动态环境下的三种补贴策略表示为：

绿色度补贴策略（G）：政府基于产品的绿色度和需求量对制造商进行补贴，则 t 时刻的补贴支出$S^G(t) = \theta x(t)Q(t)$。其中，θ 为绿色度补贴系数。

生产成本补贴策略（C）：政府基于产品的生产成本和需求量对制造商进行补贴，则 t 时刻的补贴支出$S^C(t) = \tau c(t)Q(t)$。其中，τ 为生产成本补贴系数。

研发投入补贴策略（R）：政府基于研发投入成本对制造商进行补贴，则 t 时刻的补贴支出$S^R(t) = \frac{1}{2}\varepsilon\eta u^2(t)$。其中，$\varepsilon$ 为研发投入补贴系数。

综上，图 4－1 表明了不同补贴策略对绿色供应链的影响机理，以及不同补贴策略与各个变量之间的函数关系。

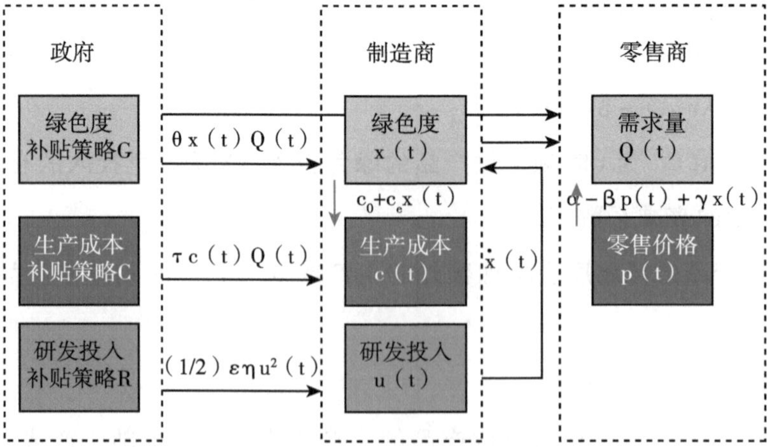

图 4－1 政府补贴对绿色供应链的影响机理

4.2 模型建立与求解

基于微分博弈，在无限长度的时间内，制造商和零售商的目标都是寻求利润最大化，分别在绿色度补贴策略、生产成本补贴策略、研发投入成本补贴策略影响下，依次建立了制造商主导的Stackelberg微分博弈模型。

4.2.1 绿色度补贴策略的模型（G）

政府对产品的绿色度进行补贴时，制造商根据绿色度补贴系数优先决定最优批发价格和绿色度，零售商根据制造商的最优决策，决定当前时刻的最优零售价格。整个决策过程需要满足绿色度状态方程式（4－2），初始时刻的绿色度记为x_0。综上，绿色供应链的最优决策问题可定义为：

$$\max_{w(\cdot),u(\cdot)} J_m^G \rightarrow \max_{p(\cdot)} J_r^G$$
$$\text{s.t. } \dot{x}(t) = \lambda u(t) - \delta x(t), x(0) = x_0 \tag{4-4}$$

此时，制造商和零售商的利润函数为：

$$J_m^G = \int_0^{\infty} e^{-\rho t}\left((w(t) - c(t) + \theta x(t))(\alpha - \beta p(t) + \gamma x(t)) - \frac{1}{2}\eta u^2(t)\right)dt \tag{4-5}$$

$$J_r^G = \int_0^{\infty} e^{-\rho t}(p(t) - w(t))(\alpha - \beta p(t) + \gamma x(t))dt \tag{4-6}$$

其中，ρ是时间贴现因子。上述模型具有时间一致性，只依赖于状态变量x(t)的当前水平。因此，为了书写简洁，后续表达式中省略t。

命题4－1：政府依据产品的绿色度对制造商进行补贴时，有：

（1）绿色度的状态轨迹为：

$$x^G = x_\infty^G + e^{-v^G t}(x_0 - x_\infty^G) \tag{4-7}$$

其中，$v^G=\delta-\frac{2\lambda^2 b_1}{\eta}$是演化速率，$x_\infty^G=\frac{\lambda^2 b_2}{\delta\eta-2\lambda^2 b_1}$是稳态绿色度。

（2）产品的最优批发价格、绿色投入、零售价格分别为：

$$w^{G*}=\frac{\alpha+x(\gamma-\beta\theta+\beta c_e)+\beta c_0}{2\beta} \tag{4-8}$$

$$u^{G*}=\frac{\lambda(2b_1x+b_2)}{\eta} \tag{4-9}$$

$$p^{G*}=\frac{3\alpha+x(3\gamma-\beta\theta+\beta c_e)+\beta c_0}{4\beta} \tag{4-10}$$

（3）零售商、制造商的最优利润分别为：

$$J_r^{G*}=e^{-\rho t}(a_1x^2+a_2x+a_3) \tag{4-11}$$

$$J_m^{G*}=e^{-\rho t}(b_1x^2+b_2x+b_3) \tag{4-12}$$

其中，系数a_i^G，b_i^G（$i\in\{1,2,3\}$）满足以下约束方程组：

$$\begin{cases}\rho a_1=\dfrac{4\lambda^2 a_1 b_1}{\eta}+\dfrac{(\gamma+\beta\theta-\beta c_e)^2}{16\beta}-2\delta a_1\\ \rho a_2=\dfrac{2\lambda^2(a_1b_2+a_2b_1)}{\eta}+\dfrac{(\alpha-\beta c_0)(\gamma+\beta\theta-\beta c_e)}{8\beta}-\delta a_2\\ \rho a_3=\dfrac{\lambda^2 a_2 b_2}{\eta}+\dfrac{(\alpha-\beta c_0)^2}{16\beta}\\ \rho b_1=\dfrac{16\lambda^2 b_1^2}{8\eta}+\dfrac{(\gamma+\beta\theta-\beta c_e)^2}{8\beta}-2\delta b_1\\ \rho b_2=\dfrac{2\lambda^2 b_1 b_2}{\eta}+\dfrac{(\alpha-\beta c_0)(\gamma+\beta\theta-\beta c_e)}{4\beta}-\delta b_2\\ \rho b_3=\dfrac{\lambda^2 b_2^2}{2\eta}+\dfrac{(\alpha-\beta c_0)^2}{8\beta}\end{cases} \tag{4-13}$$

证明：根据最优控制理论，记$J_r^{G*}=e^{-\rho t}V_r^G$，$J_m^{G*}=e^{-\rho t}V_m^G$为 t 时刻后零售商和制造商的利润最优值函数。$V_r^G$，$V_m^G$满足如下构造的 HJB 方程：

$$\rho V_r^G=\max_p\left\{(p-w)(\alpha-\beta p+\gamma x)+\frac{\partial V_r^G}{\partial x}(\lambda u-\delta x)\right\} \tag{4-14}$$

$$\rho V_m^G = \max_{w,u}\left\{(w - c + \theta x)(\alpha - \beta p + \gamma x) - \frac{1}{2}\eta u^2 + \frac{\partial V_m^G}{\partial x}(\lambda u - \delta x)\right\} \tag{4-15}$$

根据逆向归纳法，由式（4－14）的一阶条件可知，零售价格需满足：

$$p^G = \frac{\alpha + w\beta + x\gamma}{2\beta} \tag{4-16}$$

由式（4－15）一阶条件求得最优批发价格 w^{G*} 为式（4－8），最优绿色投入 u^{G*} 为：

$$u^{G*} = \frac{\lambda}{\eta}\frac{\partial V_m^G}{\partial x} \tag{4-17}$$

将式（4－8）代入式（4－16）求得最优零售价格 p^{G*} 为式（4－10）。将式（4－8）、式（4－10）、式（4－17）代入式（4－14）、式（4－15）中，整理得到：

$$\begin{aligned} \rho V_r^G &= \frac{[\alpha + x(\gamma + \beta\theta) - \beta(c_0 + x c_e)]^2}{16\beta} - \frac{\partial V_r^G}{\partial x}\delta x + \frac{\partial V_m^G}{\partial x}\frac{\partial V_r^G}{\partial x}\frac{\lambda^2}{\eta} \\ \rho V_m^G &= \frac{[\alpha + x(\gamma + \beta\theta) - \beta(c_0 + x c_e)]^2}{8\beta} - \frac{\partial V_m^G}{\partial x}\delta x + \frac{\partial V_m^{G\,2}}{\partial x}\frac{\lambda^2}{2\eta} \end{aligned} \tag{4-18}$$

由式（4－18）微分方程特点，推测关于 x 的二次型函数是 HJB 方程的解，构造 V_r^G，V_m^G 表达式为：

$$\begin{aligned} V_r^G &= a_1 x^2 + a_2 x + a_3 \\ V_m^G &= b_1 x^2 + b_2 x + b_3 \end{aligned} \tag{4-19}$$

式（4－19）关于 x 的一阶偏导为：

$$\begin{aligned} \frac{\partial V_r^G}{\partial x} &= 2a_1 x + a_2 \\ \frac{\partial V_m^G}{\partial x} &= 2b_1 x + b_2 \end{aligned} \tag{4-20}$$

联立式（4－18）、式（4－19），将式（4－20）代入消元，利用待定系数法得到式（4－13）的约束方程组，求解约束方程组得到系数 a_i，b_i

（求解取舍过程略）。已知所有系数后，将式（4－20）代入式（4－17），可求得式（4－9），将式（4－19）代入$J_r^{G*}=e^{-\rho t}V_r^G$，$J_m^{G*}=e^{-\rho t}V_m^G$，可得到式（4－11）、式（4－12）。

命题4－1（2）、4－1（3）证毕。

将式（4－9）代入式（4－2），求解微分方程得到：

$$x^G=\frac{\lambda^2 b_2}{\delta\eta-2\lambda^2 b_1}+e^{-\left(\delta-\frac{2\lambda^2 b_1}{\eta}\right)t}\left(x_0-\frac{\lambda^2 b_2}{\delta\eta-2\lambda^2 b_1}\right) \tag{4-21}$$

命题4－1（1）证毕。

命题4－1（1）表明，绿色度收敛（发散）、递增（递减）的变化规律与演化速率、稳态绿色度有关。例如，在$v^G>0$，$x_0-x_\infty^G<0$的约束条件下，绿色度随时间逐渐增加并收敛于x_0，其增长规律具有边际递减效应。实践中制造商也往往受到研发技术和资金的限制，产品绿色度的提升意愿随时间逐渐降低，补贴政策的影响效果也逐渐变弱，这符合补贴政策实施的一般情形。命题4－1（2）表明，产品的批发价格、绿色投入、零售价格与绿色度是正相关的。命题4－1（3）表明，若绿色度随时间收敛，对应的制造商、零售商利润存在最大值。

命题4－2：绿色度补贴策略下，最优批发价格、绿色投入、零售价格的演化轨迹为：

$$w^{G*}=\frac{\alpha+\beta c_0+x_\infty^G(\gamma-\beta\theta+\beta c_e)}{2\beta}+\frac{(\gamma-\beta\theta+\beta c_e)}{2\beta}e^{-v^G t}(x_0-x_\infty^G) \tag{4-22}$$

$$u^{G*}=\frac{2\lambda b_1 x_\infty^G+\lambda b_2}{\eta}+\frac{2\lambda b_1}{\eta}e^{-v^G t}(x_0-x_\infty^G) \tag{4-23}$$

$$p^{G*}=\frac{3\alpha+x_\infty^G(3\gamma-\beta\theta+\beta c_e)+\beta c_0}{4\beta}+\frac{3\gamma-\beta\theta+\beta c_e}{4\beta}e^{-v^G t}(x_0-x_\infty^G) \tag{4-24}$$

证明：将式（4－7）分别代入式（4－8）、式（4－9）、式（4－10）可证得命题4－2。

命题4－2表明，制造商和零售商有撇脂定价和渗透定价两种定价方式，取决于初始绿色度和稳态绿色度的关系。若初始绿色度高于稳态绿色度（$x_0 > x_\infty^G$），最优批发价格、绿色投入、零售价格随时间递减，制造商和零售商同时选择撇脂定价；反之，若$x_0 < x_\infty^G$，最优批发价格、绿色投入、零售价格随时间递增至稳态，制造商和零售商同时选择渗透定价。此外，若给定的绿色度初值等于稳态值（$x_\infty^G = x_0$），则等同于供应链静态环境，最优决策与时间无关。

推论4－1：在绿色度补贴策略中，产品的绿色度、批发价格、销售价格与绿色度偏好水平γ、绿色投入有效系数λ正相关，与研发投入水平η、绿色度衰减系数δ负相关。

推论4－1表明，消费者对环保的关注度越高，制造商提升产品绿色度的意愿越强烈。此时，供应链成员为了追逐更高利润而选择渗透定价。若产品的绿色度衰减较快，或者研发难度较大，制造商提升产品绿色度的意愿就会降低，并通过撇脂定价来获取最大利润。

推论4－2：产品的稳态绿色度、稳态绿色投入、制造商和零售商的利润与补贴系数正相关，演化速度与补贴系数负相关。

证明：将式（4－7）中的稳态绿色度x_∞^G的表达式代入式（4－9）、式（4－11）、式（4－12），求出对应的一阶偏导$\frac{\partial x_\infty^G}{\partial \theta} > 0$，$\frac{\partial u_\infty^G}{\partial \theta} > 0$，$\frac{\partial J_m^G}{\partial \theta} > 0$，$\frac{\partial J_r^G}{\partial \theta} > 0$，$\frac{\partial v^G}{\partial \theta} < 0$，可知推论4－2成立。

推论4－2表明，加大补贴力度有助于企业实现更高的绿色目标，但也减缓了演化速率，因而制造商需要花费更长时间达到指标稳态，这也意味着政府补贴时间延续更久。

4.2.2 生产成本补贴策略的模型（C）

在生产成本补贴策略下，供应链的最优决策问题定义为：

$$\max_{w(\cdot),u(\cdot)} J_m^C \rightarrow \max_{p(\cdot)} J_r^C$$
$$\text{s.t.}\ \dot{x} = \lambda u - \delta x, x(0) = x_0 \tag{4-25}$$

制造商和零售商的利润函数分别为：

$$J_m^C = \int_0^{\infty} e^{-\rho t}\left([w-(1-\tau)c](\alpha-\beta p+\gamma x)-\frac{1}{2}\eta u^2\right)dt \tag{4-26}$$

$$J_r^C = \int_0^{\infty} e^{-\rho t}(p-w)(\alpha-\beta p+\gamma x)dt \tag{4-27}$$

命题4-3：政府依据产品的生产成本对制造商进行补贴时，有：

（1）绿色度的演化轨迹为：

$$x^C = x_{\infty}^C + e^{-v^C t}(x_0 - x_{\infty}^C) \tag{4-28}$$

其中，$v^C = \delta - \frac{2\lambda^2 b_1}{\eta}$是演化速率，$x_{\infty}^C = \frac{\lambda^2 b_2}{\delta\eta - 2\lambda^2 b_1}$是稳态绿色度。

（2）产品的最优批发价格、绿色投入、零售价格分别为：

$$w^{C*} = \frac{\alpha + x\gamma + \beta(1-\tau)(c_0 + x c_e)}{2\beta} \tag{4-29}$$

$$u^{C*} = \frac{\lambda(2b_1 x + b_2)}{\eta} \tag{4-30}$$

$$p^{C*} = \frac{3\alpha + 3x\gamma + \beta(1-\tau)(c_0 + x c_e)}{4\beta} \tag{4-31}$$

（3）零售商、制造商的最优利润分别为：

$$J_r^{C*} = e^{-\rho t}(a_1 x^2 + a_2 x + a_3) \tag{4-32}$$

$$J_m^{C*} = e^{-\rho t}(b_1 x^2 + b_2 x + b_3) \tag{4-33}$$

其中，系数a_i^C，b_i^C满足以下约束方程组：

$$
\begin{cases}
\rho a_1 = \dfrac{4\lambda^2 a_1 b_1}{\eta} + \dfrac{(\gamma - \beta c_e + \beta c_e \tau)^2}{16\beta} - 2\delta a_1 \\
\rho a_2 = \dfrac{2\lambda^2 (a_1 b_2 + a_2 b_1)}{\eta} + \dfrac{(\alpha - \beta c_0 + \beta c_0 \tau)(\gamma - \beta c_e + \beta c_e \tau)}{8\beta} - \delta a_2 \\
\rho a_3 = \dfrac{\lambda^2 a_2 b_2}{\eta} + \dfrac{(\alpha - \beta c_0 + \beta c_0 \tau)^2}{16\beta} \\
\rho b_1 = \dfrac{2\lambda^2 b_1^2}{\eta} + \dfrac{(\gamma - \beta c_e + \beta c_e \tau)^2}{8\beta} - 2\delta b_1 \\
\rho b_2 = \dfrac{2\lambda^2 b_1 b_2}{\eta} + \dfrac{(\alpha - \beta c_0 + \beta c_0 \tau)(\gamma - \beta c_e + \beta c_e \tau)}{4\beta} - \delta b_2 \\
\rho b_3 = \dfrac{\lambda^2 b_2^2}{2\eta} + \dfrac{(\alpha - \beta c_0 + \beta c_0 \tau)^2}{8\beta}
\end{cases}
\tag{4-34}
$$

命题 4-4：生产成本补贴策略下，最优批发价格、绿色投入、零售价格的演化轨迹为：

$$
w^{C*} = \frac{\alpha + x_\infty^C \gamma + \beta(1-\tau)(c_0 + x_\infty^C c_e)}{2\beta} + \frac{\gamma + (1-\tau)\beta c_e}{2\beta} e^{-v^c t}(x_0 - x_\infty^C) \tag{4-35}
$$

$$
u^{C*} = \frac{2\lambda b_1 x_\infty^C + \lambda b_2}{\eta} + \frac{2\lambda b_1}{\eta} e^{-v^c t}(x_0 - x_\infty^C) \tag{4-36}
$$

$$
p^{C*} = \frac{3\alpha + 3x_\infty^C \gamma + \beta(1-\tau)(c_0 + x_\infty^C c_e)}{4\beta} + \frac{3\gamma + (1-\tau)\beta c_e}{4\beta} e^{-v^c t}(x_0 - x_\infty^C) \tag{4-37}
$$

证明：同命题 4-1、命题 4-2。

推论 4-3：在生产成本补贴策略中，产品绿色度、批发价格、销售价格与绿色度偏好水平 γ、绿色投入有效系数 λ 正相关，与研发投入水平 η、绿色度衰减系数 δ 负相关。

推论 4-4：在生产成本补贴策略中，产品的稳态绿色度、稳态绿色投入、制造商和零售商的利润与补贴系数正相关，演化速度与补贴系数负相关。

4.2.3 研发投入补贴策略的模型（R）

在研发投入补贴策略下，供应链的最优决策问题定义为：

$$\max_{w(\cdot),u(\cdot)} J_m^R \to \max_{p(\cdot)} J_r^R$$
$$s.t.\ \dot{x} = \lambda u - \delta x, x(0) = x_0 \tag{4-38}$$

制造商和零售商的利润函数分别为：

$$J_m^R = \int_0^{\infty} e^{-\rho t}\left((w-c)(\alpha - \beta p + \gamma x) - \frac{1}{2}(1-\varepsilon)\eta u^2\right)dt \tag{4-39}$$

$$J_r^R = \int_0^{\infty} e^{-\rho t}(p-w)(\alpha - \beta p + \gamma x)dt \tag{4-40}$$

命题 4-5：政府依据研发投入对制造商进行补贴时，有：

（1）绿色度的演化轨迹为：

$$x^R = x_\infty^R + e^{-v^R t}(x_0 - x_\infty^R) \tag{4-41}$$

其中，$v^R = \delta - \frac{2\lambda^2 b_1}{\eta(1-\varepsilon)}$是演化速率，$x_\infty^R = \frac{\lambda^2 b_2}{\delta\eta(1-\varepsilon) - 2\lambda^2 b_1}$是稳态绿色度。

（2）产品的最优批发价格、绿色投入、零售价格分别为：

$$w^{R*} = \frac{\alpha + (\gamma + \beta c_e)x + \beta c_0}{2\beta} \tag{4-42}$$

$$u^{R*} = \frac{\lambda(2b_1 x + b_2)}{\eta(1-\varepsilon)} \tag{4-43}$$

$$p^{R*} = \frac{3\alpha + (3\gamma + \beta c_e)x + \beta c_0}{4\beta} \tag{4-44}$$

（3）零售商、制造商的最优利润分别为：

$$J_r^{R*} = e^{-\rho t}(a_1 x^2 + a_2 x + a_3) \tag{4-45}$$

$$J_m^{R*} = e^{-\rho t}(b_1x^2 + b_2x + b_3) \tag{4-46}$$

其中，系数a_i^R，b_i^R满足以下约束方程组：

$$\begin{cases} \rho a_1 = \dfrac{4\lambda^2 a_1 b_1}{\eta - \varepsilon\eta} + \dfrac{(\gamma - \beta c_e)^2}{16\beta} - 2\delta a_1 \\ \rho a_2 = \dfrac{2\lambda^2(a_1b_2 + a_2b_1)}{\eta - \varepsilon\eta} + \dfrac{(\alpha - \beta c_0)(\gamma - \beta c_e)}{8\beta} - \delta a_2 \\ \rho a_3 = \dfrac{\lambda^2 a_2 b_2}{\eta - \varepsilon\eta} + \dfrac{(\alpha - \beta c_0)^2}{16\beta} \\ \rho b_1 = \dfrac{2\lambda^2 b_1^2}{\eta - \varepsilon\eta} + \dfrac{(\gamma - \beta c_e)^2}{8\beta} - 2\delta b_1 \\ \rho b_2 = \dfrac{2\lambda^2 b_1 b_2}{\eta - \varepsilon\eta} + \dfrac{(\alpha - \beta c_0)(\gamma - \beta c_e)}{4\beta} - \delta b_2 \\ \rho b_3 = \dfrac{\lambda^2 b_2^2}{2(\eta - \varepsilon\eta)} + \dfrac{(\alpha - \beta c_0)^2}{8\beta} \end{cases} \tag{4-47}$$

命题4-6：研发补贴策略下，最优批发价格、绿色投入、零售价格的演化轨迹为：

$$w^{R*} = \frac{\alpha + (\gamma + \beta c_e)x_\infty^R + \beta c_0}{2\beta} + \frac{\gamma + \beta c_e}{2\beta}e^{-v^R t}(x_0 - x_\infty^R) \tag{4-48}$$

$$u^{R*} = \frac{2\lambda b_1 x_\infty^R + \lambda b_2}{\eta(1-\varepsilon)} + \frac{2\lambda b_1}{\eta(1-\varepsilon)}e^{-v^R t}(x_0 - x_\infty^R) \tag{4-49}$$

$$p^{R*} = \frac{3\alpha + (3\gamma + \beta c_e)x_\infty^R + \beta c_0}{4\beta} + \frac{3\gamma + \beta c_e}{4\beta}e^{-v^R t}(x_0 - x_\infty^R) \tag{4-50}$$

证明：同命题4-1、命题4-2。

推论4-5：在研发补贴策略中，产品绿色度、批发价格、销售价格与绿色度偏好水平γ、绿色投入有效系数λ正相关，与研发投入水平η、绿色度衰减系数δ负相关。

推论4-6：在研发补贴策略中，产品的稳态绿色度、稳态绿色投入、制造商和零售商的利润与补贴系数正相关，演化速度与补贴系数负相关。

4.3 不同政府补贴策略的比较方法

补贴支出相等是不同补贴策略比较的前提条件。这里给出两种补贴支出的表示方法，分别是累计补贴支出（上标 T 表示）和稳态补贴支出（上标 H 表示）。前者侧重于考察补贴政策的阶段效果。例如在新能源汽车、光伏制造等新兴行业中，政府更关注行业的成长过程。一旦行业趋于成熟，在技术进步的替代效应下考虑补贴政策退坡。这类补贴政策的特点是补贴时长有限，补贴力度相对较高，因此演化速度相对缓慢（推论 4－2），演化过程中的补贴支出不可忽略；后者侧重于考察补贴政策的稳态效果。例如绿色回收再制造行业中，政府补贴目的是维持行业的稳定均衡状态。其特点是补贴周期往往更长，补贴力度相对较低，演化速度也较快。因此演化过程中的补贴支出可以忽略，只考虑稳态补贴支出。另一角度，考察补贴政策的稳态效果也可以理解为，在最优决策与时间无关（状态变量的初始值等于稳态值）的供应链静态环境下对比不同策略的补贴效果。

命题 4－7：政府对制造商实施不同的补贴策略，其补贴支出分别有：

（1）在［0，k］的补贴时段内，不同补贴策略所对应的累计补贴支出 S^T 为：

$$\begin{cases} S^{GT} = \dfrac{1}{4}\displaystyle\int_0^k e^{-\rho t}[\alpha + (\gamma + \beta\theta)\, x^G - \beta(c_0 + c_e\, x^G)]\theta\, x^G dt \\ S^{CT} = \dfrac{1}{4}\displaystyle\int_0^k e^{-\rho t}\, \tau^T(c_0 + c_e\, x^C)[\alpha + \gamma\, x^C - \beta(1 - \tau^T)(c_0 + c_e x^C)]dt \\ S^{RT} = \dfrac{1}{2}\displaystyle\int_0^k e^{-\rho t}\, \dfrac{\varepsilon^T\lambda^2\ (2b_1^R x^R + b_2^R)^2}{(1 - \varepsilon^T)^2\eta}dt \end{cases}$$

（4－51）

（2）供应链系统演化至稳态时，不同补贴策略对应的稳态补贴支出 S^H 为：

$$\begin{cases} S^{GH} = \frac{1}{4}[\alpha + (\gamma + \beta\theta)x_{\infty}^{G} - \beta(c_0 + c_e x_{\infty}^{G})]\theta x_{\infty}^{G} \\ S^{CH} = \frac{1}{4}\tau^{H}(c_0 + c_e x_{\infty}^{C})[\alpha + \gamma x_{\infty}^{C} - \beta(1 - \tau^{H})(c_0 + c_e x_{\infty}^{C})] \\ S^{RH} = \frac{\varepsilon^{H}\lambda^{2}(2b_1^{R}x_{\infty}^{R} + b_2^{R})^{2}}{2(1 - \varepsilon^{H})^{2}\eta} \end{cases} \quad (4-52)$$

证明：t 时刻时，绿色度补贴策略、生产成本补贴策略、研发投入补贴策略的补贴支出可分别表示为$S^{G}(t) = \theta Q^{G}(t)x^{G}(t)$、$S^{C}(t) = \tau Q^{C}(t)[c_0 + c_e x^{C}(t)]$、$S^{R}(t) = \frac{1}{2}\varepsilon\eta u^{R2}(t)$，依次将式（4－1）、式（4－43）代入，化简整理后可证命题 4－7。

为了公平地比较不同策略的补贴效果，结合命题 4－7 给出两种可比条件：（1）不同策略在补贴时长内的累计补贴支出相等，即$S^{GT} = S^{CT} = S^{RT}$；（2）不同策略的稳态补贴支出相等，即$S^{GH} = S^{CH} = S^{RH}$。分别联立式（4－51）和式（4－52），可以求出用 θ 统一表示的成本补贴系数关系式$\tau^{T}(\theta)$、$\tau^{H}(\theta)$，以及研发补贴系数关系式$\varepsilon^{T}(\theta)$、$\varepsilon^{H}(\theta)$，通过算例分析可以进一步比较相同支出下不同策略的补贴效果。

推论 4－7：$k\rho > 1$ 时，稳态补贴支出相等条件下的产品的绿色度、绿色投入、制造商和零售商的利润始终高于累计补贴支出相等条件下的对应值，且与时间无关。

证明：在绿色度补贴策略下，由式（4－7）显然有$x^{G} < x_{\infty}^{G}$，则 $S^{GT} < \int_0^k e^{-\rho t} S^{GH} dt = \frac{1 - e^{-k\rho}}{\rho} S^{GH}$。当 $k\rho > 1$，始终有$\frac{1 - e^{-k\rho}}{\rho} < k$，则$S^{GT} < kS^{GH}$。$S^{GT} < kS^{GH}$表明，单位时间的累计补贴支出始终小于稳态补贴支出，且与时间无关。结合推论 4－2 可知当前推论成立。同理可证，另两种补贴策略下当前推论也成立。

推论 4－7 表明，若政府侧重于考察补贴政策的稳态效果，则任意时刻内的补贴激励效果更大，但在单位时间内的补贴支出也随之增加。

4.4 算例分析

为了进一步比较不同策略补贴效果的差异，结合两种补贴支出相等的可比条件，对上述三种微分博弈模型进行算例分析。参考 Song 等[108]、Zhang 等[105]的研究数据，模型中的基准参数赋值如下：$\alpha=1$，$\beta=0.3$，$\gamma=0.2$，$\eta=0.8$，$\lambda=0.9$，$\delta=0.4$，$c_0=1$，$c_e=0.3$，$\rho=0.1$，$k=30$，$x_0=0.5$。将绿色度补贴系数 θ 的取值范围定为［0，0.3］，经过可比条件换算后的补贴系数如表 4－1 所示。

表 4－1　　相同政府补贴支出下的补贴系数换算值

θ	0.05	0.1	0.15	0.2	0.25	0.3
$\tau^T(\theta)$	0.022	0.050	0.085	0.127	0.178	0.236
$\varepsilon^T(\theta)$	0.230	0.358	0.446	0.513	0.566	0.611
$\tau^H(\theta)$	0.022	0.051	0.087	0.131	0.183	0.245
$\varepsilon^H(\theta)$	0.230	0.361	0.450	0.517	0.570	0.615

表 4－1 表明了相同政府补贴支出下补贴换算值的变化规律。随着 θ 增大，换算后的补贴系数均不同程度增大，其中 $\varepsilon^T(\theta)$、$\varepsilon^H(\theta)$ 增幅更大。$\tau^T(\theta)$ 与 $\tau^H(\theta)$ 之间、$\varepsilon^T(\theta)$ 与 $\varepsilon^H(\theta)$ 之间的差异也在增大，前者随 θ 值变动的影响更大。

4.4.1　基于稳态补贴效果的补贴策略初步对比

研究补贴系数对稳态指标的影响，能够考察补贴策略的最终效果。当补贴系数 θ 在［0，0.3］的范围内取值，不同补贴策略（G、C、R）下稳态指标值的变化分别见图4-2~图4-7。在累计补贴支出相等（T）和稳态补贴支出相等（H）两种条件下，图中分别给出了对应指标的影响曲线。

图4-2是补贴系数对稳态批发价格的影响。其中，w_∞^G是绿色度补贴策略下的稳态批发价格。在两种补贴支出相等的条件下，分别得到不同策略下的稳态批发价格w_∞^{CH}、w_∞^{CT}、w_∞^{RH}、w_∞^{RT}。例如，w_∞^{CT}表示累计补贴支出相等时，成本补贴策略下的稳态批发价格。观察到不同补贴策略下的批发价格排序关系为：$w_\infty^{RH} > w_\infty^{RT} > w_\infty^G > w_\infty^{CT} > w_\infty^{CH}$。排序表明，随着补贴力度增大，研发补贴策略下制造商选择渗透定价，稳态批发价格始终最高。成本补贴策略下制造商选择撇脂定价，因此批发价格最低。政府考虑稳态补贴支出相等时，放大了不同策略下补贴系数对批发价格的调节作用。

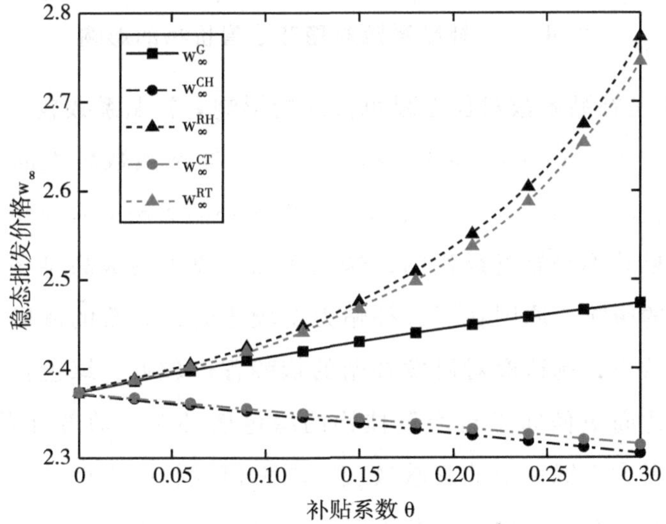

图4-2 补贴系数对稳态批发价格的影响

图4-3是补贴系数对稳态零售价格的影响。观察到不同补贴策略下零售商价格的排序关系为：$p_\infty^{RH} > p_\infty^{RT} > p_\infty^G > p_\infty^{CH} > p_\infty^{CT}$。这表明，采用研发补贴策略的零售价格最高，采用成本补贴策略的零售价格最低。图4-2和图4-3共同表明，考虑稳态补贴支出相等对供应链的定价决策具有放大效应。

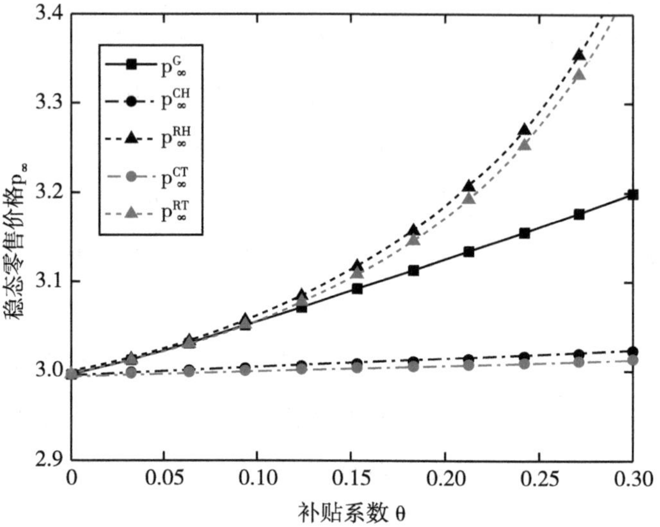

图 4-3 补贴系数对稳态零售价格的影响

图 4-4 是补贴系数对稳态绿色投入的影响。补贴系数较小时，绿色投入的排序关系为：$u_\infty^G > u_\infty^{RH} > u_\infty^{RT} > u_\infty^{CH} > u_\infty^{CT}$；补贴系数较大时，排序关系为：$u_\infty^{RH} > u_\infty^{RT} > u_\infty^G > u_\infty^{CH} > u_\infty^{CT}$。尽管研发投入补贴策略只补贴绿色投入，观察其补贴效果并不是始终最优的，这表明绿色投入的最高排序关系依然受到补贴系数的影响。原因在于，补贴力度较小时，政策的激励效果小于绿色度的衰减效应，制造商对研发补贴的依赖程度较低，绿色投入的积极性也不高，制造商更偏向于与产量挂钩的绿色度补贴；随着补贴力度加大，政策激励效果大于绿色度的衰减效应，增大研发补贴力度使绿色投入提升更明显。因此，在研发投入补贴策略下，制造商逐渐表现出更高的绿色投入积极性。

通常消费者倾向于购买环保程度更高而零售价格更低廉的产品。参考 Dai 等[93]的研究，引入新的指标（绩效比）用来衡量产品性价比，绩效比 φ 的定义是绿色度与销售价格的比率，即：

$$\varphi(t) = \frac{x(t)}{p(t)} \tag{4-53}$$

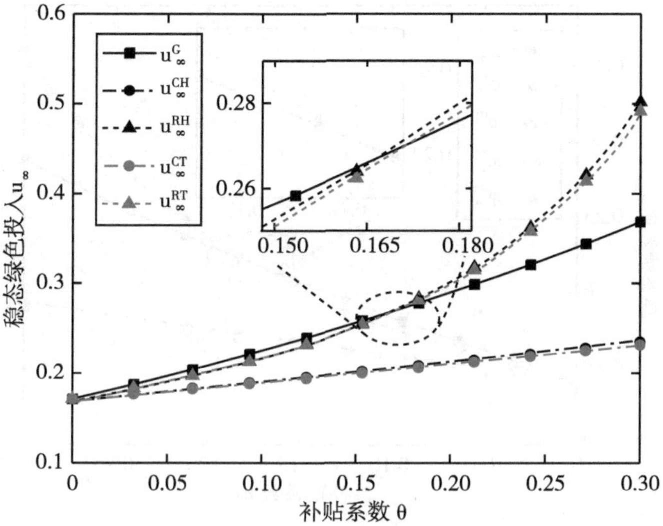

图 4-4　补贴系数对稳态绿色投入的影响

因此，稳态绩效比φ_∞可表示成稳态绿色度与稳态零售价格之比。讨论补贴系数对稳态绩效比的影响，可以衡量补贴力度对消费者购买意愿的最终影响程度。

图 4-5 是补贴系数对稳态绩效比的影响。补贴系数较小时，绩效比的排序关系为：$\varphi_\infty^G > \varphi_\infty^{RH} > \varphi_\infty^{RT} > \varphi_\infty^{CH} > \varphi_\infty^{CT}$；补贴系数较大时，排序关系为：$\varphi_\infty^{RH} > \varphi_\infty^{RT} > \varphi_\infty^G > \varphi_\infty^{CH} > \varphi_\infty^{CT}$。绩效比的影响曲线与绿色投入相似，但由于将价格因素（$p_\infty^{RH} > p_\infty^{RT} > p_\infty^G$）考虑在内，因此其排序关系变动点相对滞后。

图 4-6 是补贴系数对稳态制造商利润的影响。不同补贴策略下制造商利润的排序关系为：$J_{r\infty}^{CH} > J_{r\infty}^{CT} > J_{r\infty}^G > J_{r\infty}^{RH} > J_{r\infty}^{RT}$。这表明政府采用成本补贴策略为制造商带来最高的稳态利润，绿色度补贴策略次之，以稳态补贴支出相等为可比条件放大了制造商的利润空间。

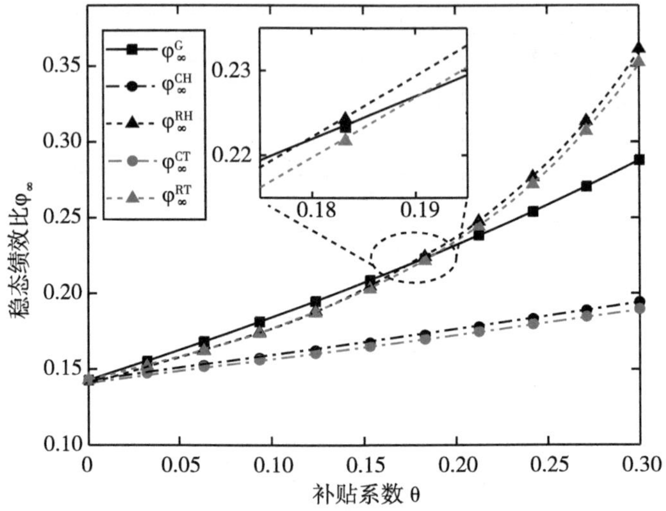

图 4-5　补贴系数对稳态绩效比的影响

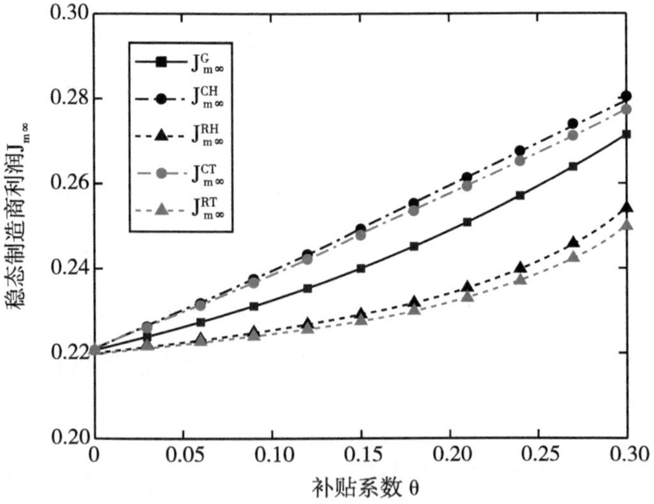

图 4-6　补贴系数对制造商利润的影响

图 4-7 是补贴系数对稳态零售商利润的影响。补贴系数较小时，零售商利润的排序关系为：$J_{r\infty}^{CH} > J_{r\infty}^{CT} > J_{r\infty}^{G} > J_{r\infty}^{RH} > J_{r\infty}^{RT}$；补贴系数较大时，排序关系为：$J_{r\infty}^{G} > J_{r\infty}^{CH} > J_{r\infty}^{CT} > J_{r\infty}^{RH} > J_{r\infty}^{RT}$。考虑到补贴系数选择的合理性，图 4-6 和图

4 -7 中并没有显示更高补贴系数下的数据。不难推测，若继续增大补贴系数将使研发补贴策略的利润排序最高。

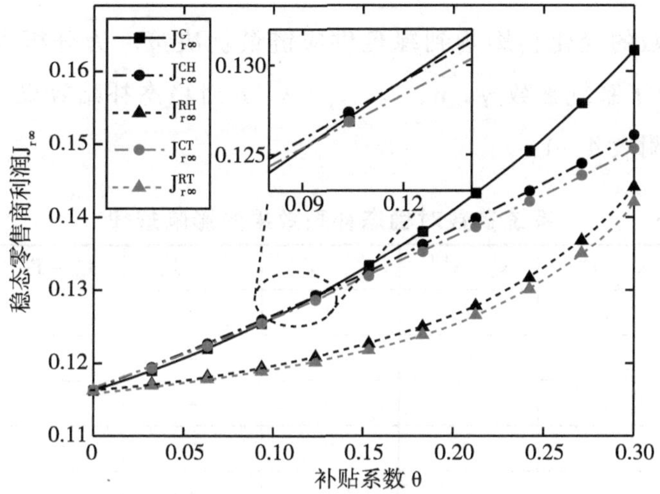

图 4 -7　补贴系数对稳态零售商利润的影响

综上，除了成本补贴策略下的稳态批发价格与补贴系数负相关，其余稳态指标均与补贴系数正相关。此外，选择稳态补贴支出相等作为可比条件，会放大相同补贴策略下的补贴效果，但不改变三种补贴策略的排序关系。政府可根据补贴目标的不同，选择某个稳态指标的排序，评价不同补贴策略的最终补贴效果。给定某个补贴系数 θ，可以对不同补贴策略下的稳态指标进行排序。例如给定补贴系数 θ 为 0.2，则可得到不同策略下的稳态指标排序，如表 4 -2 所示：

表 4 -2　　不同补贴策略下稳态指标的排序（θ =0.2）

	w_∞	p_∞	u_∞	φ_∞	$J_{r\infty}$	$J_{m\infty}$
G	2	2	2	2	1	2
C	3	3	3	3	2	1
R	1	1	1	1	3	3

4.4.2 系统参数的变化对稳态补贴效果的影响

系统参数的变化会影响到绿色供应链最优决策。为分析参数敏感性，表4－3给出了系统参数γ、η、c_0、c_e、λ、δ对稳态补贴效果的影响规律，原始数据见附表4－1。

表4－3　系统参数对稳态补贴效果的影响规律

参数	$x_\infty^G - x_\infty^{CH}$	$x_\infty^G - x_\infty^{RH}$	$J_{m\infty}^G - J_{m\infty}^{CH}$	$J_{m\infty}^G - J_{m\infty}^{RH}$	$J_{r\infty}^G - J_{r\infty}^{CH}$	$J_{r\infty}^G - J_{r\infty}^{RH}$
γ	+	+	?	?	+	?
η	−	−	?	−	−	−
c_0	?	−	−	−	?	−
c_e	−	−	?	?	−	−
λ	+	+	+	+	+	+
δ	−	−	−	−	−	−

在表4－3中，"＋"和"－"分别代表参数增大对稳态指标差值产生放大、缩小的作用，"?"代表两者的关系是非单调的，依赖于参数取值区间。从表4－3可以看出，增大绿色投入有效系数λ或减小绿色度衰减系数δ，对不同策略下的产品绿色度差值、供应链成员利润差值产生了放大作用。这说明，绿色度的衰减效应越不明显，不同补贴策略的效果区分度越大。增加γ或减小η、c_0、c_e也有类似的放大作用。这说明，消费者对绿色度偏好水平越高，或者研发投入水平越低，或者单位生产成本越小，不同补贴策略的部分效果区分度越大。

4.4.3 政府补贴系数对演化速率的影响

演化速率表示了指标值逼近稳态的快慢程度，演化速率越大则指标值收敛的时间越短。

图4－8是补贴系数对演化速率的影响。θ在［0，0.3］取值时，演化速率的排序关系是$v^{CT}>v^{CH}>v^{RT}>v^{RH}>v^{G}$。这表明，政府要实现补贴目标时，不光要考虑到不同补贴策略下的指标排序关系，也要兼顾到补贴时限，尽量缩短补贴政策的成效周期。

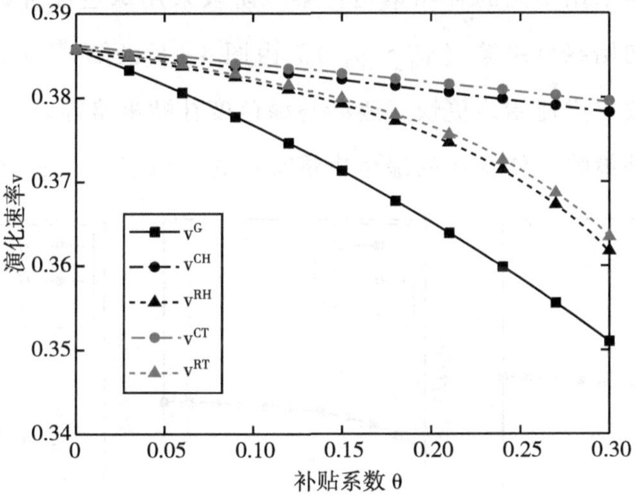

图4－8　补贴系数对演化速率的影响

4.4.4　基于阶段性补贴效果的补贴策略动态优化

动态环境下的补贴策略对比，不仅要考虑稳态补贴效果，还要考虑供应链指标演化过程中产生的动态变化。累计补贴支出相等（θ＝0.2）时，考察绿色投入、批发价格、零售价格、制造商利润、零售商利润、绩效比的演化轨迹，分析供应链各个指标的演化规律，对比不同补贴策略的阶段性补贴效果。

图4－9是不同补贴策略下供应链各指标的演化轨迹。可以看出，不同的指标随时间推移均趋向于稳态，在稳态补贴效果分析中已知稳态指标排序具有时不变特性，但演化过程中的指标排序是时变的。部分文献[101，109－111]通过静态模型对比了不同的补贴策略，得出了类似于本章中稳态指标排序

（表4－2）的结论。在不考虑时间的基本假设下，静态模型的结论是合理的。但是在动态模型中，不同时间段内的策略排序可能发生变化。以图4－9（f）绩效比为例，在［0，k_1］时段内，选择绿色度补贴策略的补贴效果优于其他策略，在k_1时间之后，研发补贴策略的补贴效果最佳。因此，可以在两个时段中分别采用不同的补贴策略：第一阶段采用绿色度补贴策略，使企业有更高的初始绿色决策（$\varphi_0^G > \varphi_0^{RT}$）。由图4－8已知$v^{RT} > v^G$，研发补贴策略下的绩效比增速始终更快，逐渐与绿色度补贴策略等效。在第二阶段，采用研发补贴策略，使企业的绿色决策有更高的稳态值（$\varphi_\infty^G < \varphi_\infty^{RT}$）。

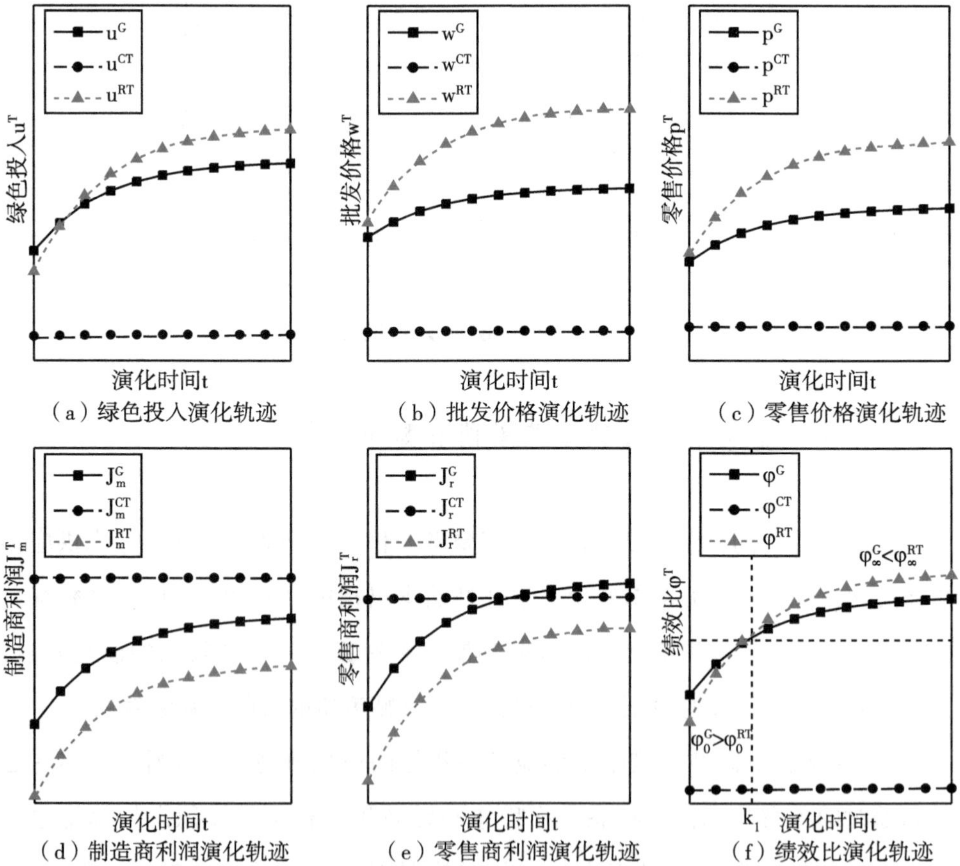

（a）绿色投入演化轨迹　（b）批发价格演化轨迹　（c）零售价格演化轨迹

（d）制造商利润演化轨迹　（e）零售商利润演化轨迹　（f）绩效比演化轨迹

图4－9　不同补贴策略下供应链各指标的演化轨迹

图 4-10 是以提高消费者购买意愿（绩效比）为目标的补贴策略选择路径。随着时间推移，全时段内最佳的补贴策略选择路径是（Ⅰ）绿色度补贴，（Ⅱ）研发投入补贴，补贴策略转变时间是 t=9。以上选择路径也符合从产品导向转为技术导向的产业驱动规律，实践中的政府补贴也往往由普惠制过渡到促进技术研发创新。

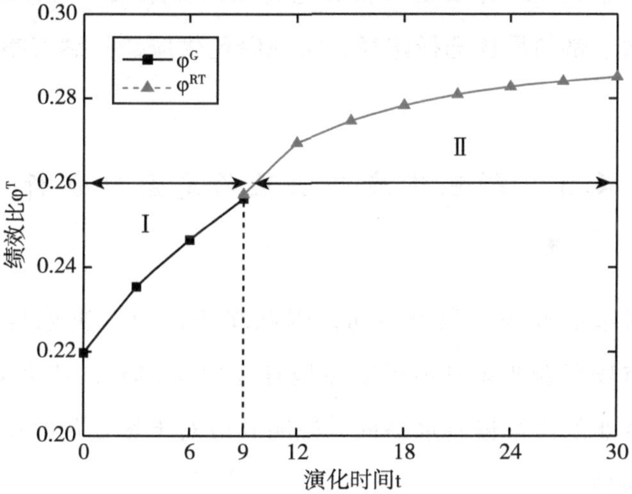

图 4-10　基于绩效比的补贴策略最优选择路径

综上，结合算例分析对比了不同补贴策略在稳态情形和演化过程中的补贴效果，得到以下结论：

（1）考虑稳态补贴效果，不同补贴策略下稳态指标的排序是时不变的。给定补贴系数可以对不同补贴策略的稳态补贴效果进行完全比较，政府可据此对不同补贴策略进行初步评价。补贴系数对稳态指标的调节作用也与时间无关，除了成本补贴策略下的稳态批发价格与补贴系数负相关，其余稳态指标均与补贴系数正相关。

（2）在补贴力度相对较小，或者补贴周期相对较短的情况下，演化过程中补贴支出不可忽略，适用的可比条件是累计补贴支出相等，反之适用条件是稳态补贴支出相等。相较于前者，考虑稳态补贴支出相等会放大相同补贴策略的补贴效果，但不改变三种补贴策略的指标排序关系。

（3）绿色度的衰减效应越不明显，不同补贴策略的补贴效果区分度越大。随着消费者对绿色度偏好水平增大，或者随着研发投入水平、单位生产成本减小，部分的补贴效果区分度也增大。

（4）考虑阶段性补贴效果，不同补贴策略下供应链各指标的排序是时变的。在同时兼顾最终补贴效果和演化过程的补贴效率时，政府应制定出全时段内补贴策略的最优选择路径，实现绿色供应链补贴策略的动态优化。

4.5 绿色供应链决策的复杂性分析

企业针对市场形势的理解不同，因此绿色供应链决策是有限理性的。企业在应对市场复杂变化时不可避免地存在决策偏差，其决策偏差水平也各有差异。企业的决策偏差水平低，说明其应对市场变化的反应较为迟缓，反之则较为强烈。

通过求解连续时间的微分博弈模型可以对不同补贴策略下的企业绿色决策进行预测，比较不同补贴策略的优劣性。但是，微分博弈模型求解的基本假设是系统稳定，更确切地说，供应链系统成员的决策偏差水平要求严格极小。若企业存在较高的决策偏差水平，这一问题将难以通过微分最优控制方法求解。针对本章前述内容，我们从制造商动态决策的角度，分别讨论了不同政府补贴策略对供应链绿色决策的影响以及补贴效果的差异，这些研究都基于了“绿色供应链系统是稳定的”这一假设。因此，本节研究不建立这一假设，认为绿色供应链系统有可能失去稳定，并由此引起一系列复杂现象。综上，本节将分析不稳定供应链系统中政府补贴对制造商绿色决策产生的影响，并说明企业绿色决策的复杂性。本节主要从两方面开展研究：首先，针对政府补贴下的绿色供应链建立离散时间的动力学模型，通过复杂性分析探讨供应链系统混沌时制造商决策偏差所带来的诸多复杂现象；其次，在政府激励和制造商自我完善共同作用下实施混沌控制，分析混沌治理的过程。本节将运用复杂动力学理论，主要讨论政府补贴政策下的绿色供应链系统的复杂特征以及混沌控制动因等问题。

4.5.1　模型的均衡解

本节建立了研发补贴策略下的绿色供应链决策模型，由于该模型的推导过程与第 3 章类似，因此不再给出完整的推导过程。为了比较制造商决策偏差水平不同所形成的差异，绿色供应链由 2 个制造商和 1 个零售商组成。其中，制造商之间决策偏差水平的数值差异较大，β_c、γ_c 为制造商之间价格、绿色度交叉影响水平。

在研发投入补贴策略下，制造商、零售商的利润函数满足以下表达式：

$$\begin{cases} \Pi_{mi} = (w_i - c_i)(\alpha_i - p_i\beta_i + p_j\beta_c + e_i\gamma_i - e_j\gamma_c) - e_i^2\eta_i(1 - \varepsilon_i) \\ \Pi_r = \sum\limits_{i\in\{1,2\}} (p_i - w_i)(\alpha_i - p_i\beta_i + p_j\beta_c + e_i\gamma_i - e_j\gamma_c) \end{cases} \tag{4-54}$$

供应链成员均追求利益最大化，对式（4－54）中的制造商利润函数求关于批发价格、绿色度的一阶偏导为：

$$\begin{cases} \dfrac{\partial\Pi_{mi}}{\partial w_i} = \dfrac{1}{2}\left[\alpha_i - (2w_i - c_i)\beta_i + w_j\beta_c + e_i\gamma_i - e_j\gamma_c\right] \\ \dfrac{\partial\Pi_{mi}}{\partial e_i} = \dfrac{1}{2}(w_i - c_i)\gamma_i - 2e_i(1 - \varepsilon_i)\eta_i \end{cases} \tag{4-55}$$

其中 $i=\{1, 2\}$，$j=2-i$。

则关于批发价格、产品绿色度的动力方程组表示为：

$$\begin{cases} w_i(t+1) = w_i(t) + A_i w_i(t)\dfrac{\partial \Pi_{mi}}{\partial w_i} \\ e_i(t+1) = e_i(t) + B_i e_i(t)\dfrac{\partial \Pi_{mi}}{\partial e_i} \end{cases} \tag{4-56}$$

在式（4－56）中A_i、B_i参数分别反映了制造商 i 的批发价格、绿色度的决策偏差水平，表明了制造商决策存在一定程度的偏差。当A_i、B_i大于 0 时，制造商对批发价格、绿色度的变化作出正反馈。例如，第 t＋1 阶段的边际利润为正，制造商作出正反馈，在第 t＋1 阶段提高相应的批发价格。反之，决策偏差水平为负则作出负反馈。当A_i、B_i的数值较小时，制造商的决策偏差值也较小；反之，制造商的决策偏差较大。

为了简化问题，假设零售商为 Stackelberg 博弈的跟随者，在价格交叉水平和绿色度交叉影响水平的共同影响下，零售价格与批发价格、绿色度满足以下表达式：

$$p_i(t+1) = \frac{\alpha_i\beta_j + w_i(\beta_i\beta_j - \beta_c^2) + e_i\beta_j\gamma_i + \beta_c(\alpha_j + e_j\gamma_j) - (e_j\beta_j + e_i\beta_c)\gamma_c}{2\beta_i\beta_j - 2\beta_c^2} \tag{4-57}$$

式（4－56）、式（4－57）共同决定了供应链成员在第 t＋1 阶段的绿色决策行为。因此，绿色供应链系统经过一定周期的演化后，不断调整的绿色决策会最终形成一个均衡状态。在均衡状态下，决策方不能通过改变自身的决策而使利润增加。在式（4－56）中，令$w_i(t+1) = w_i(t)$，$e_i(t+1) = e_i(t)$，然后将式（4－55）代入可求得该系统具有多个非负均衡点。由于实际问题中，决策值不可能为 0，故而筛选出唯一的局部稳定点 M（w_1^*，w_2^*，e_1^*，e_2^*）。局部稳定点的批发价格、产品绿色度如下：

$$\begin{cases} w_i^* = \dfrac{c_iP_iQ_j\gamma_i + Q_i(Q_j(R_i + 2c_i\beta_i\beta_j) + \gamma_j[(\alpha_i + c_i\beta_i + c_j\beta_c)\gamma_j + (\alpha_j - c_j\beta_j)\gamma_c])}{\gamma_i[\gamma_i(2Q_j\beta_j + \gamma_j^2) - Q_j\beta_c\gamma_c - \gamma_j\gamma_c^2] + Q_i[Q_j(4\beta_i\beta_j - \beta_c^2) + \gamma_j(2\beta_i\gamma_j - \beta_c\gamma_c)]} \\ e_i^* = \dfrac{\gamma_j(Q_i[c_j(2\beta_i\beta_j - \beta_c^2) - R_j] - \gamma_i[(\alpha_j - c_j\beta_j + c_i\beta_c)\gamma_i + (\alpha_i - c_i\beta_i + c_j\beta_c)\gamma_c])}{Q_i[Q_j(4\beta_i\beta_j - \beta_c^2) + P_j\gamma_j] + Q_j\gamma_i(2\beta_j\gamma_i - \beta_c\gamma_c)} \end{cases} \tag{4-58}$$

其中，$P_i = 2\beta_j\gamma_i - \beta_c\gamma_c - \gamma_j\gamma_c^2 + \gamma_i\gamma_j^2$，$Q_i = 4(\varepsilon_i - 1)\eta_i$，$R_i = 2\alpha_i\beta_j + \beta_c(\alpha_j + \beta_j c_j)$。

4.5.2　复杂性分析

本节通过系统的混沌分岔图、最大 Lyapunov 指数、初值敏感性三种方式分析绿色供应链系统的复杂性。系统缺省参数如表 4-4 所示[60]：

表 4-4　绿色供应链系统的缺省参数值

α_i		β_i		γ_i		η_i		c_i		ε_i		β_c	γ_c
2	2	0.4	0.31	0.15	0.12	0.2	0.2	0.3	0.3	0.05	0.05	0.02	0.01

此外，数值模拟过程中需给定两家制造商批发价格、绿色度决策的初始值$w_i(0)$、$e_i(0)$，假定两家制造商的批发价格分别为 0.6、0.5，产品绿色度均为 0.25。

4.5.2.1　混沌分岔现象

当决策偏差水平在一定范围内连续变化时，系统会在某些临界值前后发生状态的变化。系统从稳态转变至周期倍化分岔状态，最终进入混沌状态。图 4-11 所示的系统分岔图，可以观察到绿色供应链系统存在一系列复杂的动力学行为。当A_2、B_1、B_2分别取较小值 0.2、0.02、0.02 时，图 4-11（a）、（b）是A_1调整时批发价格的分岔图。

从图 4-11（a）、（b）可知，随着A_1值增大，分岔图中由简单到复杂地呈现出不动点、倍化分岔、间歇混沌、混沌态这 4 种演化状态。当A_1较小（$A_1 < 1.78$）时，批发价格的演化轨迹分别收敛于均衡点（$w_1^* = 2.811$，$w_2^* = 3.541$）；当$1.78 < A_1 < 2.29$时，迭代时间序列经历了 2、4、8、16 等周期的分岔，即倍化分岔状态；当$A_1 > 2.29$时，系统进入混沌状态。从图中可以看出，A_1取值在2.53~2.55附近的混沌域中包含着由若干段带有周期态的曲线构成的空白区域，即间歇混沌状态。随着A_1继续增大，系统进入无周期的混沌状态。对比图（a）、（b），前者的混沌域大于后者。这说明过高的决策偏差水平，对供应链双方都会产生混沌效应，但对制造商1自身的影响更大。

图4-11（c）、（d）是A_1调整时产品绿色度的分岔图。当$A_1<1.78$时，批发价格的演化轨迹分别收敛于均衡点（$e_1^*=0.638$，$e_2^*=0.657$）；当$1.78<A_1<2.29$时，系统进入周期倍化分岔状态；当$A_1>2.29$时，时序呈现出间歇混沌、混沌态。对比图4-11（c）、（d）可知，随着A_1增大，混沌域的上边界始终低于稳态均衡点。这说明在当前系统参数下，混沌可能导致产品的绿色度降低。

图4-11（e）、（f）是A_1调整时制造商利润的分岔图。对比发现图4-11（e）混沌域的上边界值（$\Pi_{m1}=1.232$）低于稳态收敛值（$\Pi_{m1}^*=1.235$），而图4-11（f）的混沌域较小，但其混沌域的上边界值可能比稳态收敛值（$\Pi_{m2}^*=1.602$）更高。由于A_1的调整是产生混沌现象的原因，因而具有较高决策偏差水平的制造商1是引起混沌的主要对象，制造商1会在系统混沌时损失生产利润，另一方有可能得到更高利润。

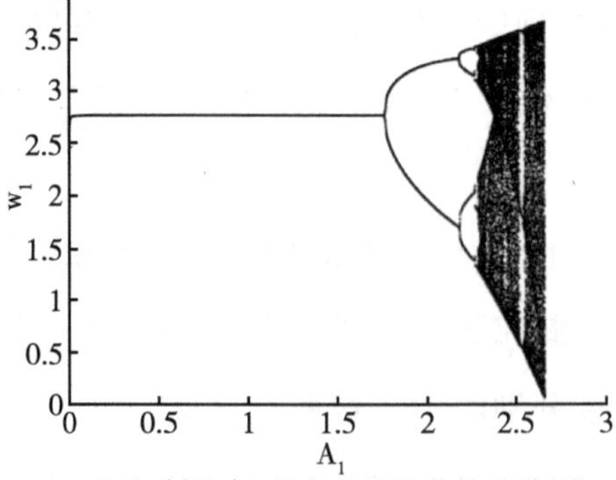

（a）制造商1的产品批发价格分岔图

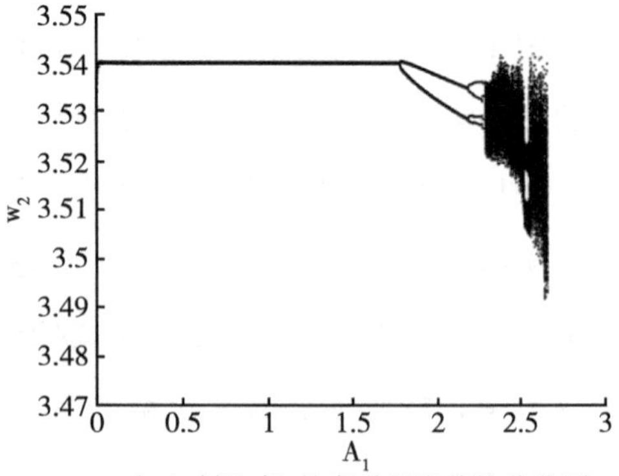

（b）制造商2的产品批发价格分岔图

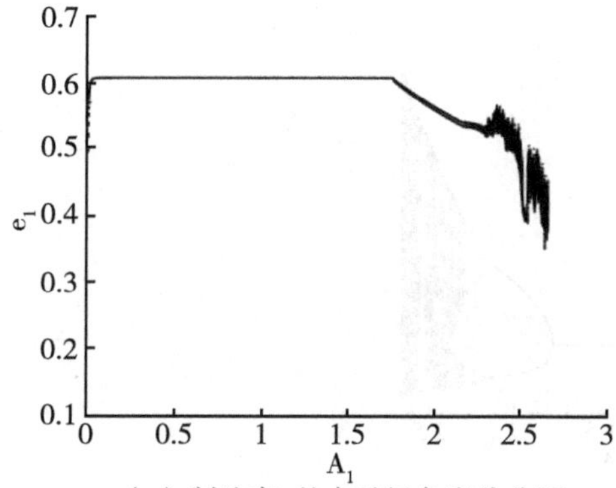

（c）制造商1的产品绿色度分岔图

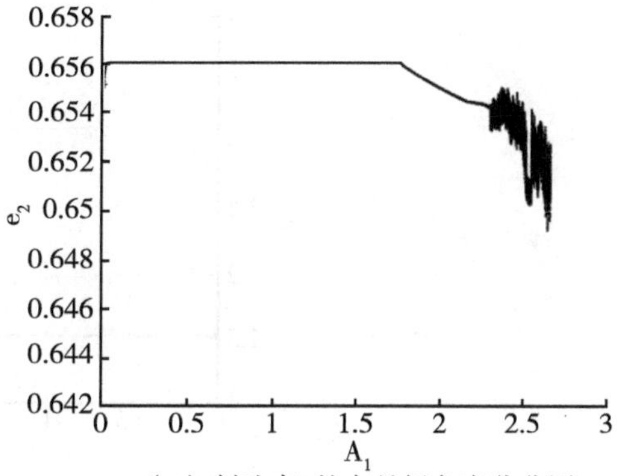

（d）制造商2的产品绿色度分岔图

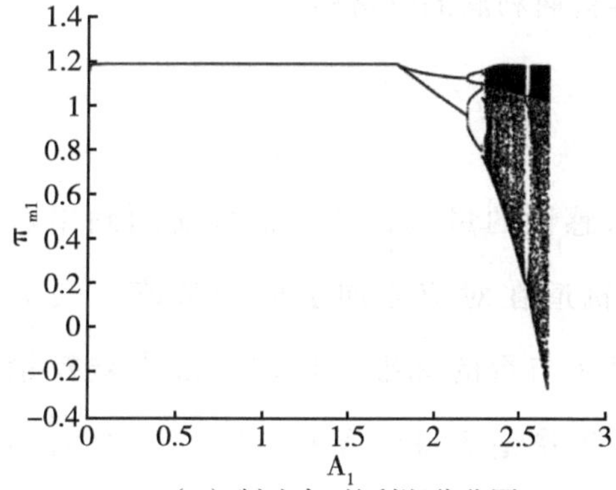

（e）制造商1的利润分岔图

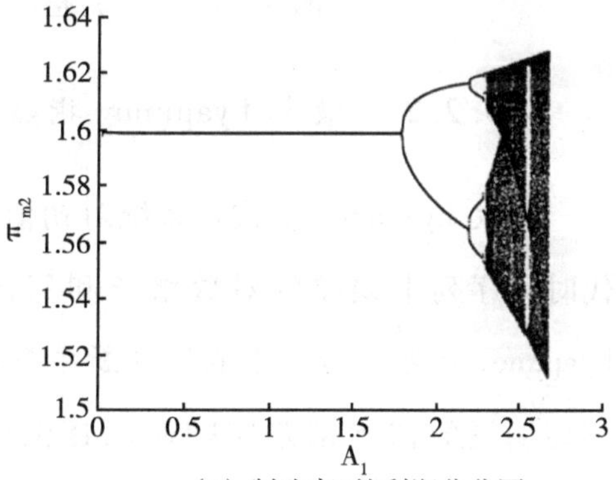

（f）制造商2的利润分岔图

图 4 - 11　A_1调整时制造商决策的分岔图

图 4 - 12 是A_1调整时零售商利润的分岔图。当$A_1 = 2.67$时，零售商的利润波动范围为 1.153 ~ 3.614，上边界值高于稳态时的收益（$\Pi_r^* = 1.531$），同样说明了供应链其他成员可能获得更高利润。

综上，若制造商因决策偏差较大导致供应链系统混沌时，制造商自身的利润下降，供应链其他成员的利润有可能上升，系统混沌降低了所有制造商的产品绿色度。因此，系统混沌不利于绿色产品开发，但有利于部分供应链成员获得更多利润。

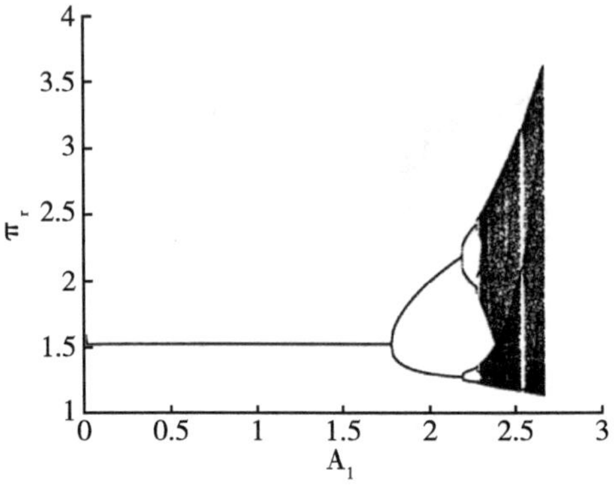

图 4－12　A_1调整时零售商利润的分岔图

4.5.2.2　最大 Lyapunov 指数

最大 Lyapunov 指数是系统对初值敏感性的量化，各个指数能刻画出迭代时间序列中误差的对数增长和邻接轨道在对应方向上的分离率。最大 Lyapunov 指数是否为正值是判断系统混沌与否的标准，稳定系统中被控量偏离期望的初始偏差应随时间逐渐降低并趋于 0。当A_2、B_1、B_2取值为 0.2、0.02、0.02 时，图 4－13 表示了A_1在区间［0，2.67］变化时系统的最大 Lyapunov 指数。

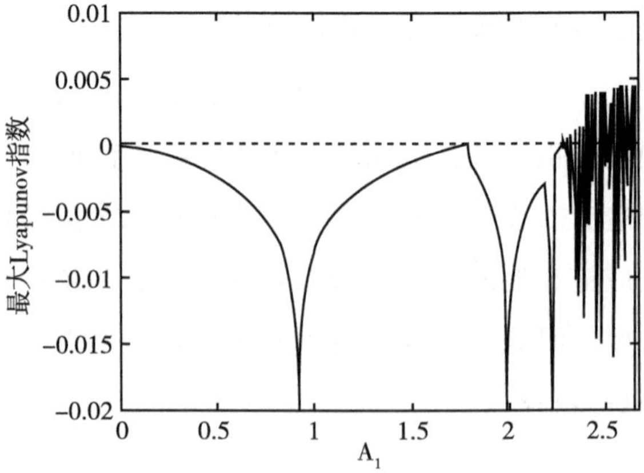

图 4－13　系统的最大 Lyapunov 指数

最大 Lyapunov 指数与分岔图是对应的。当A_1较小（$A_1<1.78$）时，最大 Lyapunov 指数保持为负值；周期倍化分岔处的最大 Lyapunov 指数为 0；当$A_1=2.29$时，最大 Lyapunov 指数首次变为正值。随后，系统进入混沌态。

4.5.2.3　初值敏感性

初值敏感性即蝴蝶效应，其解释为：当系统混沌时，初始值的微小变化会使随时间推移的输出结果产生巨大差异，在时间序列上表现出难以掌握的数值规律。图 4-14 表示了系统对补贴系数的初值敏感性，当前的决策偏差水平A_1、A_2、B_1、B_2分别取值为 2.65、0.2、0.02、0.02。可以看出，当补贴系数ε_1从 0.25 调整至 0.2501 时，2 个制造商的利润在 35 次状态迭代后，均明显表达出对补贴系数初值的敏感性。对比图 4-14（a）、（b）发现制造商 1 的利润波动明显大于制造商 2。从初值敏感性的角度也看出引起混沌的主要成员会受到更严重的影响。

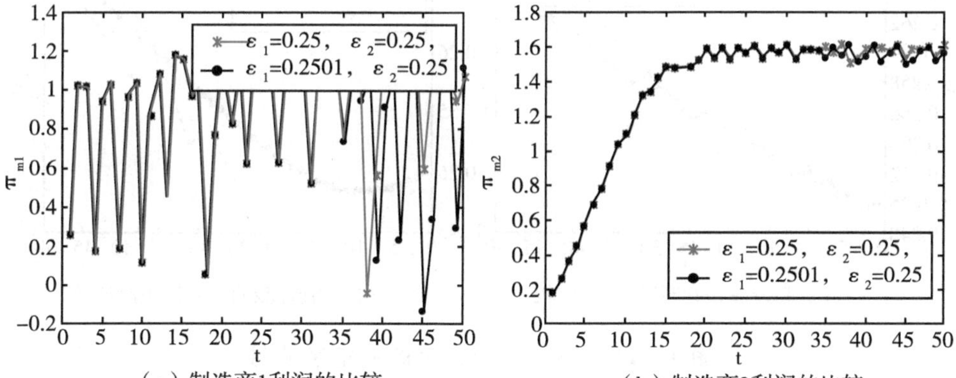

（a）制造商1利润的比较　　（b）制造商2利润的比较

图 4-14　系统对补贴系数的初值敏感性

系统对批发价格的初值敏感性如图 4-15 所示。当批发价格w_1从 0.6 调整至 0.6001，约 20 次迭代后的制造商 1 决策值形成明显差异，制造商 2

决策值仅有微小波动。图 4 – 16 表示了绿色度初值改变时，系统对绿色度的初值敏感性。受到绿色研发水平的影响，绿色度的收敛速度慢于批发价格，但同样具有初值敏感性。

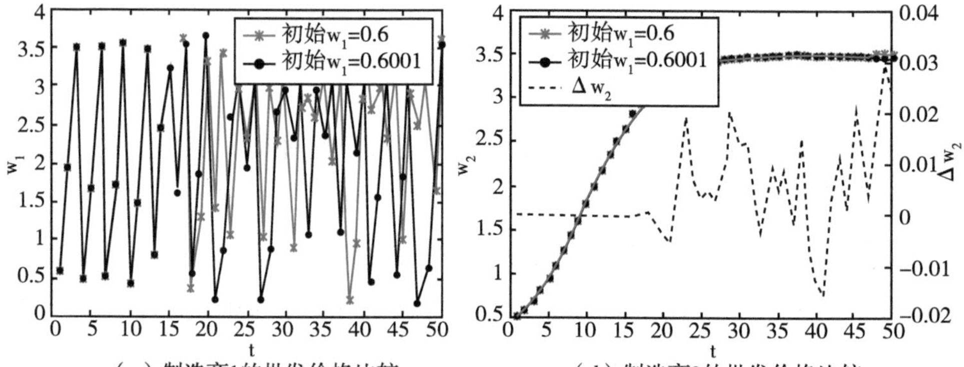

（c）制造商1的批发价格比较　　（d）制造商2的批发价格比较

图 4 – 15　系统对批发价格的初值敏感性

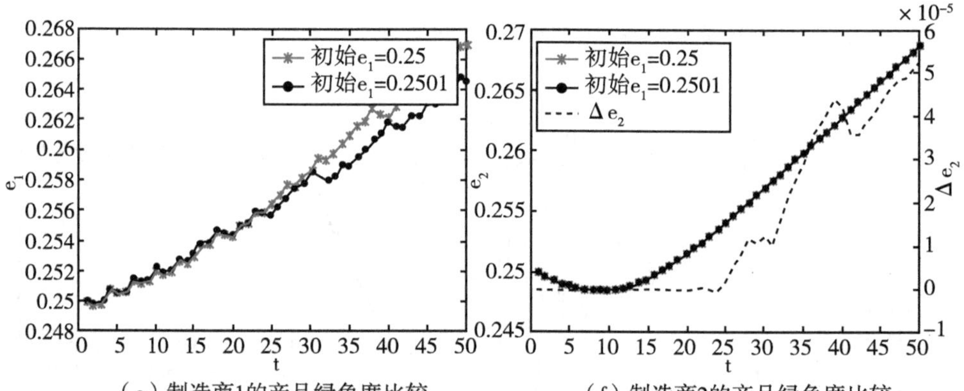

（e）制造商1的产品绿色度比较　　（f）制造商2的产品绿色度比较

图 4 – 16　系统对绿色度的初值敏感性

4.5.3　政府补贴政策下的混沌控制

上一节分析了供应链系统存在不稳定现象，同时也说明混沌对绿色供应链系统是有害的，需要通过一定的方法加以控制。本节采用参数反馈控制方法，通过减小所有制造商的决策偏差水平控制混沌系统。受到混沌控制后制造商 1、制造商 2 的产品批发价格、产品绿色度的动力方程组分别表示为：

$$\begin{cases} w_1(t+1)=\dfrac{1}{1+k}f_1[w_1(t),w_2(t),e_1(t),e_2(t)]+\dfrac{k}{1+k}w_1(t) \\ e_1(t+1)=\dfrac{1}{1+k}f_2[w_1(t),w_2(t),e_1(t),e_2(t)]+\dfrac{k}{1+k}e_1(t) \\ w_2(t+1)=\dfrac{1}{1+k}f_3[w_1(t),w_2(t),e_1(t),e_2(t)]+\dfrac{k}{1+k}w_2(t) \\ e_2(t+1)=\dfrac{1}{1+k}f_4[w_1(t),w_2(t),e_1(t),e_2(t)]+\dfrac{k}{1+k}e_2(t) \end{cases} \tag{4-59}$$

其中，$f_i(i=1，2，3，4)$ 表示未进行控制的系统。k 为控制的调节参数（$k>0$）。

通过对供应链系统施加控制率，系统中的混沌现象得到不同程度的治理。图 4-17 表示了在不同的调节参数控制下，不同制造商的利润演化轨迹。

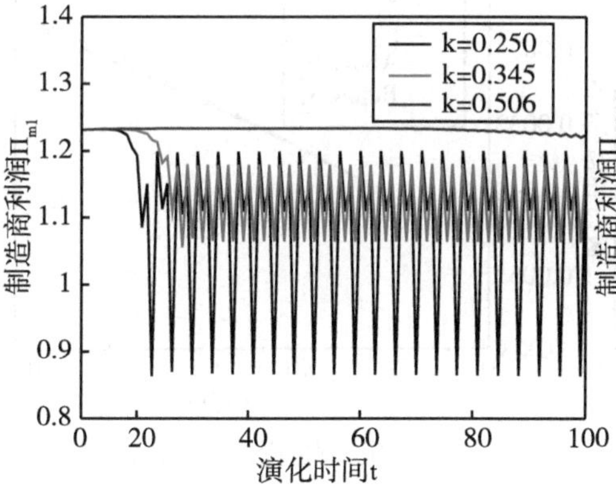

（a）制造商1利润的演化轨迹

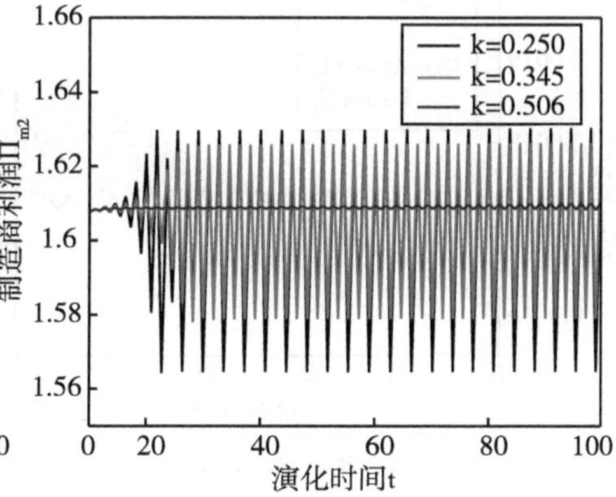

（b）制造商2利润的演化轨迹

图 4-17　混沌控制下制造商利润的演化轨迹

从上图可知，当 k 取值越大时，参数反馈控制的效果越好。当 k＝0.25

时，供应链系统出现 4 周期二分岔，制造商的决策行为将在 4 周期的均衡状态中运行；当 k = 0.345 时，供应链系统出现 2 周期二分岔，制造商的决策行为将在 2 周期的均衡状态中运行；当 k = 0.506 时，供应链系统的分岔现象基本消除。以上三个调节参数的取值均能在不同程度上消除系统混沌。

图 4 - 18 比较了 k = 0.506 时混沌控制前后政府补贴支出的差异。供应链系统不受控制时政府对制造商 i 的补贴支出记为S_i，混沌控制时的政府补贴支出记作S_i'，两者围成的面积表示了系统受控前后所累计的补贴支出差。由图 4 - 18（a）可知，当演化时间较短（t < 23）时，混沌控制后政府对制造商 1 的补贴支出少于控制前，这是由于时间较短时，制造商并没有进入混沌状态；随着时间推移，混沌控制中的政府补贴支出逐渐增加。由图 4 - 18（b）可知，混沌控制前后政府对制造商 2 的补贴支出比较结果也是类似的，但增幅较小。由此可知，治理混沌不仅使绿色供应链系统趋于稳定，而且使政府的补贴支持力度加大。由于当前供应链系统中政府补贴支出是唯一的外生变量，因而分析出补贴支出增大是制造商治理混沌的动因。

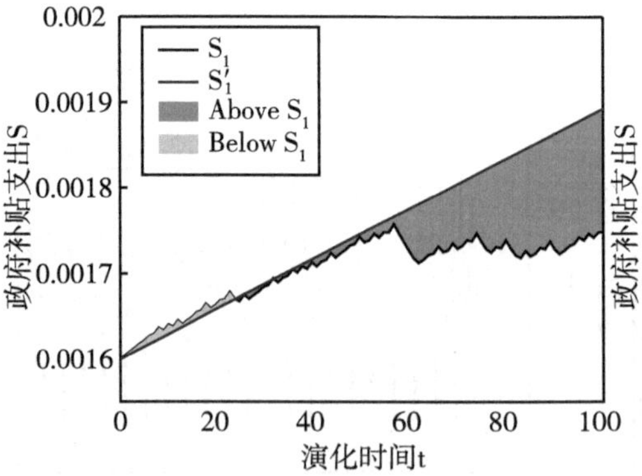

（a）制造商1补贴值的比较

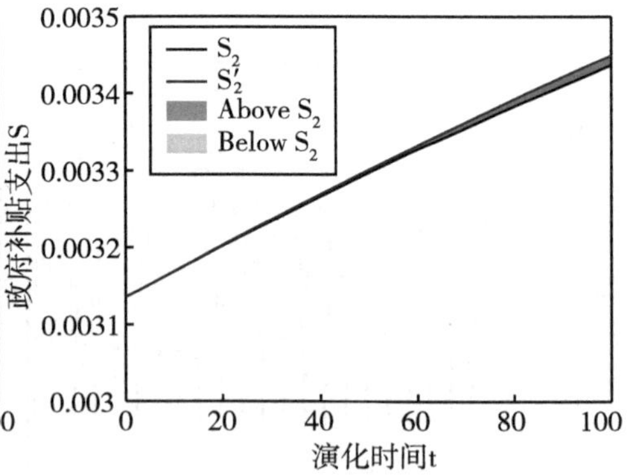

（b）制造商2补贴值的比较

图 4 - 18　混沌控制前后制造商补贴值的比较

综上，系统产生的混沌效应对绿色供应链生产运营是不利的，系统混沌会导致供应链的长期预测失效，使大部分企业利润流失，产品绿色度下降，阻碍了绿色供应链管理策略的实施。因此，在企业陷于混沌困局时，政府应加大补贴支出，引导企业快速纠正决策偏差；企业应该通过先进的信息技术建立更为精准的预测机制，提高绿色供应链的自组织能力，避免自身陷于无序的混沌状态；同时，政企双方还要避免短视行为，尤其是企业不能盲目关心短期利润而放大自身的决策偏差水平，要从长远的视角制定企业的战略规划。

4.6　本章小结

本章假定产品绿色度在绿色投入的影响下随时间动态演化，考虑了政府补贴策略对绿色动态供应链决策的影响，建立了不同政府补贴策略下绿色供应链的微分博弈模型，运用最优控制理论确定模型的均衡解并说明各指标的演化轨迹，比较了不同补贴策略的效果。最后，分析了政府补贴背景下绿色供应链系统存在分岔混沌、初值敏感性等复杂现象，采用参数反馈控制方法研究了混沌控制。

本章研究表明：(1) 稳态补贴效果的排序是时不变的，政府可根据补贴目标对不同补贴策略加以初步评价；(2) 阶段性补贴效果的排序是时变的，若同时兼顾稳态补贴效果和补贴效率，可得到全时段内补贴策略的最优选择路径；(3) 考虑稳态补贴支出相等会放大相同补贴策略的补贴效果，但不改变三种补贴策略效果排序；(4) 若制造商的决策偏差水平过大，供应链系统会失去稳定性，继而供应链成员的决策表现出混沌、初值敏感等动力学特征，政府的补贴支出投入是企业治理混沌的动因之一。

本章与第3章分别比较分析了不同政府补贴策略对绿色供应链决策的静态、动态影响，从而根据企业利润、产品绿色度、产品价格等指标在三种补贴策略中选择出最优策略，这意味着三者关系是排他的。此外，本章的结论表明最优策略选择是有可能随时间发生转变的，动态选择最优的补贴策略无疑增加了政策实施难度。实践中，政府为了政策便利也会考虑多种补贴策略共生的情况，因此，在第 5 章中将对补贴策略共生问题展开讨论。

第 5 章

考虑经济与福利均衡的补贴策略共生对企业决策的影响

随着国内外绿色制造政策的密集出台，相关制造企业的社会地位和经济效益逐渐提高，形式单一的补贴政策无法适应绿色制造企业的多元化发展，政策制定者和研究人士呼吁优化政策组合[112]。

若以产品绿色度、批发价格、销售价格、绩效价格比或者制造商利润、零售商利润为目标，单独采用某种补贴策略能使单个指标达到最优。然而，单个指标下的最优策略选择是排他的，政府实施补贴政策不仅会考虑到企业绩效、环境效益、补贴支出等多个目标，企业产品存在的异质性还使政府无法只采用单一补贴策略。例如，常见的零排放车辆（ZEV）有仅靠电力运行的纯电动汽车（BEV）和插电式混合动力汽车（PHEV），后者带有整套包含内燃机在内的动力总成，两者无论在技术标准、制造成本还是研发投入等方面都存在较大差别，单独采用某种政策可能无法兼顾到不同企业的产量和技术水平。此外，以纯电动汽车为主要产品的企业可能更偏好于政府采用绿色度、研发补贴策略，而以插电式混合动力汽车为主要产品的企业可能更偏好于政府采用成本补贴策略。因此，政府通常会依据折衷原则实施策略共生，采用补贴策略组合来满足生产制造的差异化需求，灵活应对多个政策目标。前两章将补贴系数作为外生变量，分别在静态、动态的供应链环境下研究了不同补贴策略的补贴效果和企业对应决策问题，三种补贴策略均在不同程度上激励了制造商的绿色生产活动。然而，对于政府而言，外生的补贴系数无法给出最优的补贴支出，因此要从内生补贴支出角度进一步探讨补贴支出优化问题。本章考虑到政府采用补贴策略组合的情形，以社会福利、补贴支出最优为目标，探究补贴策略组合的结构以及策略组合对企业绿色决策的影响，从而考察补贴策略组合的补贴效果和作用机理。

5.1 问题描述和假设条件

本章以政府和制造商为研究对象，在财政支出上限的约束下，政府将减少补贴支出以及增大补贴政策产生的社会福利作为政策目标，拟采用多种补贴策略激励制造商的绿色生产，探讨政府补贴策略共生如何影响社会福利、补贴支出以及制造商的绿色决策。此外，本章还会考虑到由于采用多种补贴策略导致政策成本和政策复杂水平增大而产生的外部影响。

政企双方共同倡导绿色环保的生产研发环境。政府可以同时采用多种补贴策略，通过调整不同补贴策略的比重，控制补贴支出并提高绿色生产的社会福利；制造商为环保型企业，同时兼顾利润和环境效益，负责确定产品价格和产品绿色度，所生产的最终产品均符合市场需求的绿色规范标准。

拟解决的问题如下：在最大化社会福利、最小化补贴支出的目标下，政府如何决定组合政策的策略数目，如何调整不同政策的比重？产品定价、绿色度如何影响最终的补贴效果？补贴支出上限以及政策复杂水平如何影响政府制定策略组合？

针对主要研究问题对模型作出如下假设：

（1）为了体现策略组合的政策多样性，假设政府采用如下三种补贴策略：

绿色度补贴策略（G）：政府为更快扩大绿色节能产品的市场规模，对符合环保规范的产品实施基于绿色度补贴系数为 θ 的补贴政策。

生产成本补贴策略（C）：直接补贴单位产品的生产成本是常见的补贴手段，对单位产品实施基于生产成本补贴系数为 τ 的补贴政策。

研发投入补贴策略（R）：当企业开展大量研发创新活动时，政府基于研发成本对企业进行一次性补贴，其研发投入补贴系数为 ε。

（2）为了保障补贴政策可行性，避免制造商对产品进行盲目地渗透定价，假设政府的补贴支出经费和补贴政策力度存在上限。

（3）假设同时采用多种补贴策略会增大政策实施的复杂水平，造成额外的政策成本。采用的策略数目越多，则政策的复杂水平 λ 越高，政府补贴支出也越大。

为此，本章建立的模型中所用的符号如表 5－1 所示。

表 5－1　　模型符号说明

符号	含义	符号	含义
α	基础市场规模	s	环境效益系数
β	价格偏好水平	λ	政策复杂水平
γ	绿色度偏好水平	π	企业利润
η	研发投入水平	p	产品价格
M	补贴支出	e	产品绿色度
W	社会福利	n	策略组合的数目
Q	产品的市场需求	θ	绿色度补贴系数
T	环境效益	τ	生产成本补贴系数
c	产品单位成本	ε	研发投入补贴系数

5.2 模型的建立与求解

本节以补贴支出、社会福利为最优目标构建多目标函数，同时定义了补贴支出、三种补贴策略的补贴系数、产品绿色度的上限值。

5.2.1 补贴支出的计算

补贴支出由三部分组成，分别是绿色度补贴支出M^G、成本补贴支出M^C、研发补贴支出M^R。政府采用的策略组合的数目 n 越多，意味着政策的复杂程度越高，则补贴支出损耗越大，损耗成本的大小由政策复杂水平 λ 与策略组合的数目 n 共同决定。

首先，当政府采用 n 种补贴策略时，定义补贴支出 M 如下：

$$M = [1 + (n-1)\lambda](M^G + M^C + M^R) \tag{5-1}$$

其中，(n－1) λ 表示了采用 n 种策略时补贴支出的损耗成本。当 n = 1 时，补贴支出 $M = M^G + M^C + M^R$。即政府只采用单一的补贴策略，此时无补贴支出损耗；当 n = 2 时，政策复杂水平为 λ；当 n = 3 时，政策复杂水平增加为 λ 值的两倍，以此表示多个补贴策略所造成的支出损耗。

然后，定义产品的市场需求 Q 为：

$$Q = \alpha - \beta p + \gamma e \tag{5-2}$$

其中，α 为基础市场规模，β 为价格偏好水平，γ 为绿色度偏好水平，p 为产品价格，e 为单位产品的绿色度。

根据假设 (1) 的不同补贴策略特性，定义每一种补贴策略的补贴支出。绿色度补贴支出定义为产品的需求量 Q、单位产品的绿色度以及绿色度补贴系数 θ 三者的乘积，即：

$$M^G = \theta eQ \tag{5-3}$$

成本补贴支出为产品的需求量 Q、单位成本 c 以及成本补贴系数 τ 三者的乘积，即：

$$M^C = \tau cQ \tag{5-4}$$

研发补贴支出是研发投入与研发补贴系数 ε 的乘积，即：

$$M^R = \frac{1}{2}\varepsilon\eta e^2 \tag{5-5}$$

因此，将式（5－3）、式（5－4）、式（5－5）代入式（5－1），可将补贴支出函数转化为：

$$M = [1 + (n-1)\lambda](\theta eQ + \tau cQ + \frac{1}{2}\varepsilon\eta e^2) \tag{5-6}$$

考虑到补贴支出、产品绿色度、每种政策的补贴力度均有上限，因此，最小化补贴支出目标的数学公式建立如下：

$$\begin{aligned} &\min M = \{M^G, M^C, M^R\} \\ &\text{s.t. } \theta - [\theta] < 0 \\ &\quad \tau - [\tau] < 0 \\ &\quad \varepsilon - [\varepsilon] < 0 \\ &\quad M - [M] < 0 \\ &\quad e - [e] < 0 \end{aligned} \tag{5-7}$$

其中，[·]表示该变量或参数所被允许的上限值。

5.2.2　社会福利的计算

企业利润由产品利润、研发投入支出、补贴实际收入三部分组成，则企业利润可表示为：

$$\pi = (p-c)Q - \frac{1}{2}\eta e^2 + \frac{M}{1 + (n-1)\lambda} \tag{5-8}$$

用环境效益刻画企业生产绿色产品所具有的正外部性。环境效益由所有产品的绿色度与环境效益系数 s 的乘积表示，即：

$$T = seQ \tag{5-9}$$

参考 Zhou 等[113]关于社会福利的定义，将社会福利函数表示为企业利润和环境效益两部分，即：

$$W = \pi + T \tag{5-10}$$

同时，将式（5-8）、式（5-9）代入式（5-10），然后再将三种补贴策略的补贴支出表达式（5-3）、式（5-4）、式（5-5）代入其中，可将社会福利函数转化为：

$$W = (p + se + \theta e + \tau c - c)Q - \frac{1}{2}e^2(1 - \varepsilon)\eta \tag{5-11}$$

社会福利受补贴支出、产品绿色度、每种政策补贴力度等上限值的影响，因此，最大化社会福利目标的数学公式建立如下：

$$\begin{aligned} &\max W = \{\pi, T\} \\ &\text{s.t. } \theta - [\theta] < 0 \\ &\qquad \tau - [\tau] < 0 \\ &\qquad \varepsilon - [\varepsilon] < 0 \\ &\qquad M - [M] < 0 \\ &\qquad e - [e] < 0 \end{aligned} \tag{5-12}$$

其中，[·]表示该变量或参数所被允许的上限值。

5.3 多目标优化算法设计

遗传算法（GA）被广泛应用于解决各类的非线性最优化问题，由于其在求解变量之间具有非线性关系的优化问题方面具有优异的计算效率，因此也被认为是此类非线性问题的最佳求解方法。此外，非支配排序遗传算法（NSGA - Ⅱ）是解决多目标优化问题的首选启发式算法，大量应用于环境经济评估模型[114]。首先，输入系统参数和变量相关数据，根据补贴支出和社会福利评估适应度函数。若所求的组合解不满足目标约束或者指标值较低，则放弃该组合，继续进行遗传算法的优化过程。然后，通过选择（由拥挤距离定义）、交叉和变异操作，产生新种群并重新优化，在有限迭代次数中循环求解，直到满足系统约束以及最优指标值[115]。详细的优化过程如下：

输入：系统参数（市场规模、价格偏好水平、绿色度偏好水平、研发投入水平、单位成本、政策复杂水平、环境效益系数、最大迭代次数、交叉概率、变异概率、种群数量等），目标约束（补贴支出、补贴系数上限等）。

输出：社会福利、补贴支出、产品价格、产品绿色度、三种策略的补贴系数。

步骤 1：设置相关变量与系统参数的取值或取值范围。

步骤 2：随机生成给定种群大小的初始种群，并通过选择、交叉、变异的遗传算法操作，结合非支配排序产生第一代子种群。

步骤 3：当迭代次数为 t 时，通过交叉和变异从父代种群中创建出一个新的子种群。

步骤 4：根据策略数目 n，计算出变量值 M、e，验证所有相关变量是否满足式（5 - 7）、式（5 - 12）中的约束条件。

步骤 5：若不满足约束条件，则放弃当前配置，通过遗传算法重新优化过程并生成新的子种群。

步骤 6：评估式（5 - 6）、式（5 - 11）中的目标函数值。

步骤 7：合并父代种群和子种群，通过精英规则对个体进行非支配排序并选择出最优个体，计算拥挤距离并选择合适的个体组成新一代种群。

步骤 8：当迭代次数为 t + 1 时，判断当前迭代次数是否小于最大次数。若是，则重复步骤 3 ~ 步骤 7；若否，则输出结果。

5.4 数值模拟

本节通过算例分析了策略组合的最优构成比重，策略组合对补贴效果的影响，以及企业绿色生产决策对补贴效果的影响。此外，还探讨了目标约束和政策复杂水平的取值范围对补贴政策选择的影响。算例中的基准参数如下[101, 116]：市场规模 $\alpha=1$、价格偏好水平 $\beta=0.8$、绿色度偏好水平 $\gamma=0.6$、研发投入水平 $\eta=2$、单位成本 $c=0.1$、政策复杂水平 $\lambda=0.1$、环境效益系数 $s=0.7$，补贴支出上限为 2，补贴系数上限均为 0.5。为了保证数据的有效性，NSGA－Ⅱ中的系统参数设置如下：种群数量为 200、交叉概率为 0.9、变异概率为 0.2、最大迭代次数为 1000。

5.4.1 策略组合与补贴效果

本节分别以补贴支出最小化、社会福利最大化为目标，通过算例分析政府补贴策略共生下三种补贴策略各自所占的比重与策略组合的整体结构问题，分别讨论补贴策略组合的最优比重构成、三种补贴策略的补贴系数对补贴支出和社会福利两个指标的影响。其中，策略组合的比重构成及补贴效果如图 5－1 所示，补贴系数对三种策略的补贴效果影响如图 5－2 所示。

图 5－1 是策略组合的比重构成以及对应的补贴支出、社会福利。图中的每个点包含三组数值，每组数值依次表示采用绿色度补贴策略、成本补贴策略、研发补贴策略所对应的补贴支出在总补贴支出中所占的比重，三种政策的补贴支出比重之和为 1。由图 5－1 可知，最高补贴支出、最高社会福利的取值分别为 1.720、1.485，此时策略组合点为（0.53，0.05，

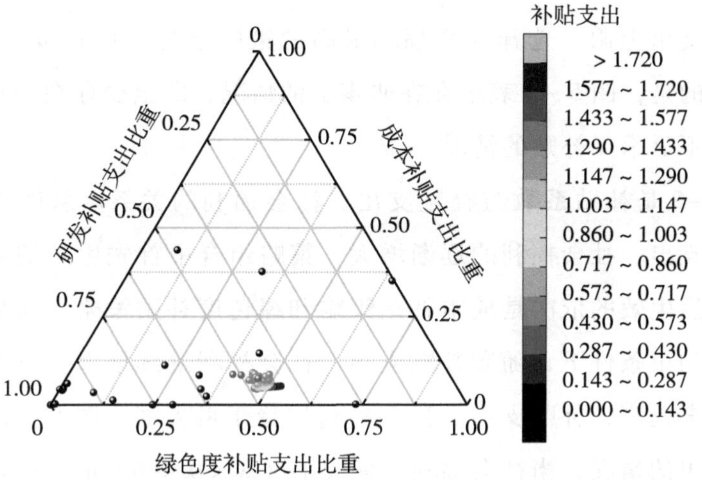

（a）补贴支出

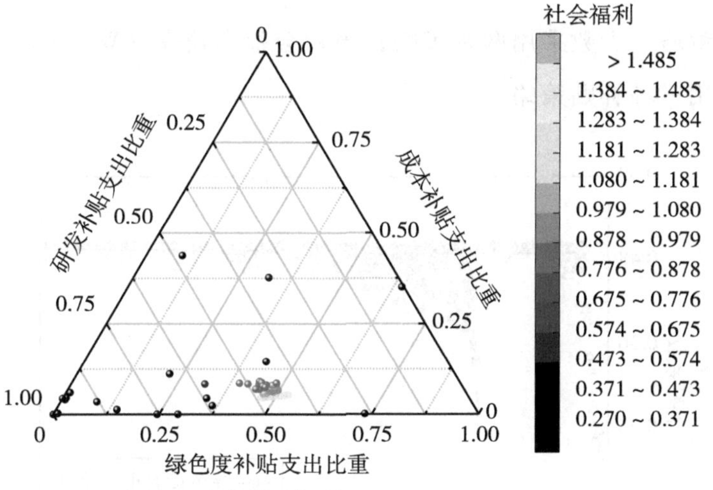

（b）社会福利

图 5 - 1　策略组合的比重构成及补贴效果

0.42）。图 5 - 1（a）、（b）共同表明：（1）若补贴支出较为宽裕，则大多数最优策略组合的分布相对集中。观察到大部分的点密集分布于补贴支出和社会福利同时最高的区域附近，这说明补贴支出宽裕时政府更倾向于考量社会福利指标，且政策较为规律；（2）若政府寻求相对较小的补贴支出，则最优策略组合的分布较为分散。这说明补贴支出宽裕时政府会优先考量补贴支出上限，选择社会福利最高的策略组合，且政策无明显规律。需要说明的是，图 5 - 1 表示存在非零解的情况，即至少存在一种可用的补贴策略，不显示无补贴的情况。

图 5 - 2 是补贴系数与补贴支出、社会福利的关系。从图 5 - 2 可知，随着补贴支出、社会福利的逐渐增大，策略组合中首先生效的是研发补贴策略，随后生效的依次是成本补贴策略和绿色度补贴策略。在满足补贴支出上限的约束条件下，随着补贴支出、社会福利继续增大，三种策略的补贴系数逐渐提高，补贴支出、社会福利均趋于最大值。图 5 - 2（b）包含无补贴支出的情况，当社会福利目标较小（W <0.446）时，政府选择不补贴；当社会福利处于中等（0.446 < W <0.806）时，政府大多采用研发补贴的单一策略，少数采用两种策略；当社会福利较高（W >0.806）时，政府同时采用三种补贴策略。

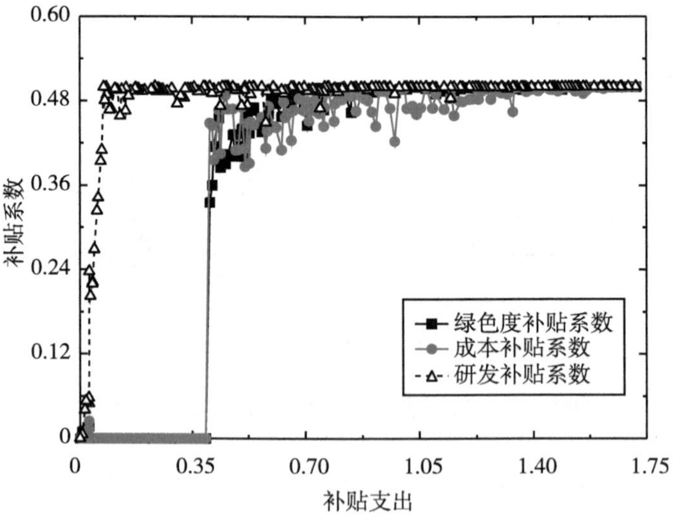

（a）补贴支出

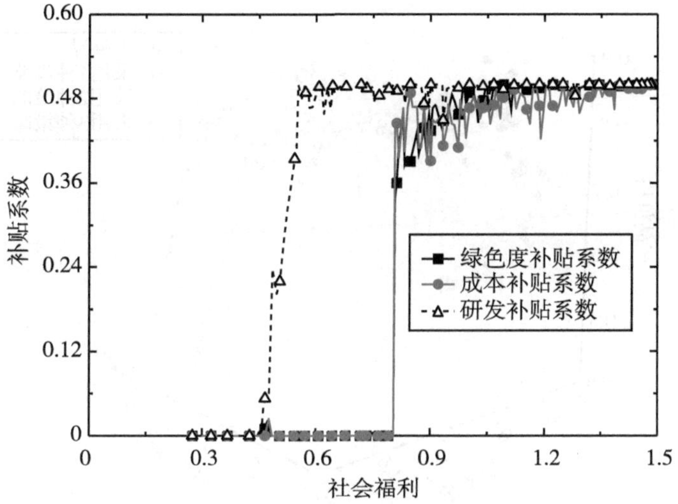

（b）社会福利

图5－2 补贴系数与补贴效果的关系

5.4.2 企业的绿色生产决策

本节讨论补贴支出和社会福利两个评价指标对企业制定产品绿色度、产品价格产生的影响。图5－3表示了企业的绿色生产决策与补贴支出、社会福利之间的相对关系，图中的投影曲线分别表示以补贴支出、社会福利为轴向的单个评价指标对企业决策的影响。

图5－3是企业的绿色生产决策与补贴效果的关系，图5－3（a）、（b）依次表示了产品价格、产品绿色度与补贴支出、社会福利三者之间的影响以及其中两者的投影关系。图5－3（a）、（b）表明：（1）产品价格与补贴支出、社会福利的关系均呈现倒“U”型。由图5－2可知，随着社会福利或补贴支出增大，最初生效的补贴政策是研发补贴策略，企业积极研发提高了产品绿色度，这导致产品价格相应增加。因此，在研发补贴策略为主要补贴政策时，产品价格随着社会福利、补贴支出增加而增大[101]；而在

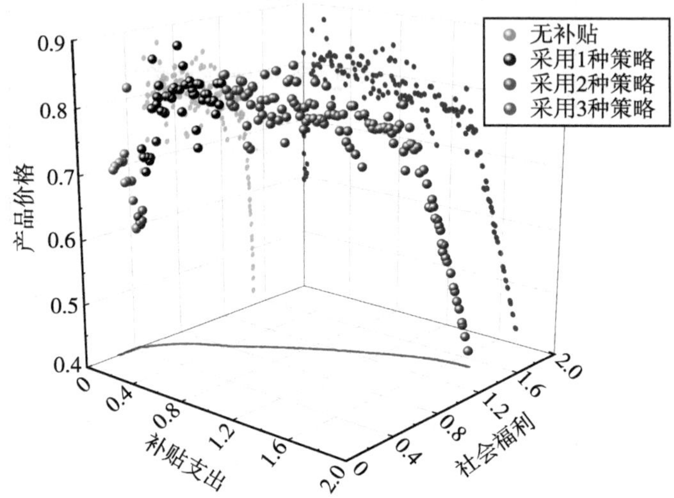

（a）产品价格

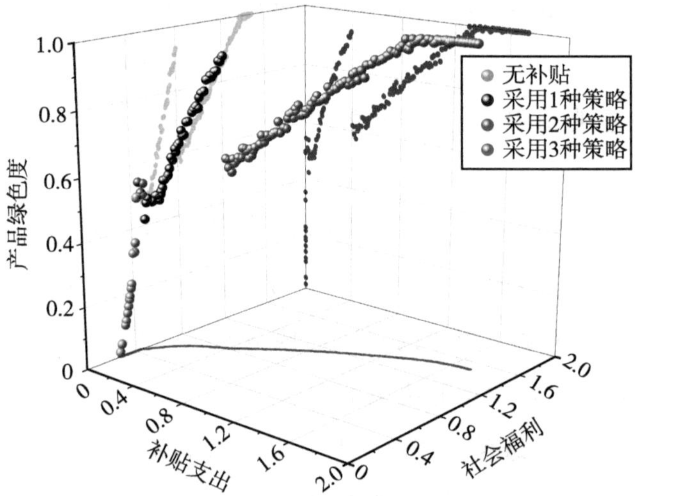

（b）产品绿色度

图 5－3　企业的绿色生产决策与补贴效果的关系

成本补贴策略生效后，企业的产品生产成本降低，因此产品价格随着社会福利、补贴支出继续增加而减小。此外，策略组合的数目变化也影响到产品价格与补贴效果的关系；（2）在策略组合数目不改变时，产品绿色度与社会福利、补贴支出均是正相关。提高产品绿色度有利于增加社会福利，但也会增大补贴支出；（3）政策复杂水平（$\lambda=0.1$）对提升产品绿色度产生负面影响。由图 5-3（b）可知，采用单一策略时对应的最大补贴支出为 0.391，此时的产品绿色度为 0.931，继续增大补贴支出至 1.175 时，产品绿色度仅提升至 0.934。此外，策略组合数目改变时，产品绿色度两侧的投影曲线产生了明显的分段现象。造成这一现象的原因是策略组合的数目增大使补贴支出造成损耗，使绿色度的影响曲线产生不连续变化。

5.4.3　目标约束及政策复杂水平对策略组合的影响

本节通过调整政策复杂水平 λ，考虑到政府补贴支出存在约束上限，讨论政策复杂水平对策略组成数目产生的变化影响，同时分析不同 λ 下补贴支出上限对策略组合选择产生的限制作用。

图 5-4 是补贴支出上限、政策复杂水平对策略组合的影响。图 5-4（a）、（b）、（c）分别表示了政策复杂水平 $\lambda=0.1$、$\lambda=0$、$\lambda=\infty$ 时的帕累托前沿面，图中的色标表示了某个帕累托解所采用的策略组合数目。图 5-4（a）、（b）、（c）共同表明：（1）补贴支出 M 与社会福利 W、政策复杂水平 λ 正相关。这意味着增大补贴支出有利于提高社会福利，但增大政策复杂水平 λ 会导致政策成本提升，也就增大了补贴支出；（2）政策复杂水平 λ 影响到帕累托解所采用的策略组合数目。观察到 $\lambda=0$ 时采用 3 种策略组合的帕累托解个数明显大于 $\lambda=0.1$ 时的情形，故 λ 越小，采用 3 种策略的几率越高；（3）当组合政策实施成本较低时，采用更多数目的策略有利于提高社会福利。无论 λ 取值大小，采用 3 种策略时的社会福利均大于只采用 1 种或者 2 种策略的情形，这种规律在 $\lambda=0$ 时尤为明显。但当社会福利较低时，图 5-4（a）中个别的帕累托解优先采用了 2 种或者 3 种策略，随着社会福利增大只采用了 1 种策略，这种情况是由于实施多种策略增加

了政策成本，导致其社会福利小于单一策略。但随着社会福利继续增大，政策成本对社会福利的影响逐渐减小，因此继续采用策略组合将有利于增大社会福利；（4）补贴支出充足时，政策复杂水平 λ 变化不影响社会福利。反之，补贴支出不足时，λ 变化影响社会福利。由于图 5 - 4（a）、（b）对应的补贴支出分别为 1.72、1.32，都满足补贴支出约束条件（M < 2），且社会福利的表达式（5 - 11）也与 λ 无关，故两者的社会福利最大值均为 1.48。图 5 - 4（c）中 λ 为无穷大，若采用多种补贴策略将不满足补贴支出约束条件（M < 2），只能采用单一的补贴策略来降低补贴支出，因此社会福利的最大值变为 0.85。

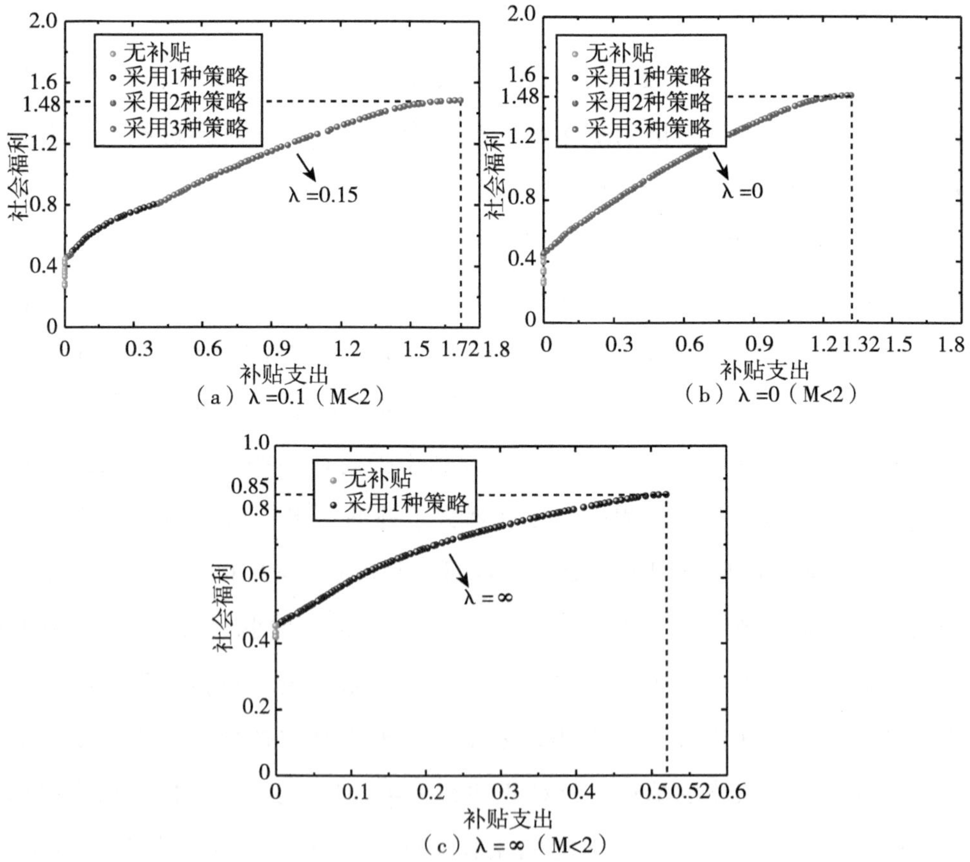

图 5 - 4　不同 λ 下补贴支出上限对策略组合的影响

综上可知，若补贴支出较为宽裕，政府宜采用多种策略组合有利于提升社会福利并降低产品价格，但产品绿色度的提升幅度取决于策略组合的比重构成，例如研发补贴策略、绿色度补贴策略能明显提高产品绿色度，而成本补贴策略的作用有限；若补贴支出较为紧张，政府宜采用单一策略以控制补贴支出，但企业可能通过提高产品价格来保障自身获利。此外，受到政策实施难度的影响，政策复杂水平 λ 不仅影响到策略组合的数目，也使企业的绿色生产决策产生分段现象，政府应根据政策复杂水平选择合适的组合政策。

5.5　本章小结

本章旨在获得政府补贴政策的最优组合，引导制造商合理制定绿色决策。通过提出以补贴支出最小化、社会福利最大化的多目标规划模型，利用非支配排序遗传算法（NSGA－Ⅱ）求解了政策组合的最优构成比重，分析了政策组合对企业绿色决策的影响，探讨了补贴支出上限、政策组合实施难度对补贴效果的影响。本章研究表明：（1）在限制单一补贴政策力度的条件下，财政宽裕的政府采用政策组合将有利于提高社会福利、产品绿色度，并降低产品价格；（2）补贴支出上限决定政策组合的数量，若政府财政紧张，则适合采用研发补贴策略来控制补贴支出，但企业可能因此提高产品价格；（3）实施多种补贴策略共生会形成政策损耗成本，补贴政策组合的数目变化造成政策损耗成本不连续，最终导致企业的绿色决策分层，一定程度上削弱了政策组合所带来的社会福利增量。

本章将补贴支出作为内生变量，从补贴策略共生的角度讨论政府财政的最优支出规模，分析了补贴支出上限对企业绿色决策的影响，但本章没有进一步解答政府补贴支出不足的情况下如何维持补贴政策的长期稳定。第6章将从同侪激励的角度对该问题展开讨论。

第 6 章

考虑同侪激励的政府补贴策略对企业决策的影响

鉴于多数发达国家较低的国民经济增长率，政府只能在最大化政策效果的同时尽量减少补贴支出[117]。虽然绿色制造补贴有积极意义，然而补贴资金短缺会造成负面效应，补贴资金拖欠不但使政策难以实施，也可能造成激励政策无效[118]。过度的财政补贴也会使制造商盲目顾及政策方向，出现短视行为，甚至于出现骗补、寻租等违规事件[119]，这不仅让制造商面临政策惩罚，也弱化了政府补贴的导向作用，阻碍了绿色制造行业的技术路线选择。因此，平衡财政资金收支是补贴手段正常实施的重要保障，制定合理的补贴机制激励制造商绿色生产研发是实现政企合作双赢的关键。本章基于演化博弈理论，构建了同侪激励机制下政府补贴与制造商绿色研发的演化博弈模型，对演化轨迹、演化稳定策略、行为影响机理进行理论分析和数值模拟，研究同侪激励基金、补贴系数、研发投入水平等敏感性参数对演化过程的影响。

本章内容组织如下：6.1 节为问题的描述与假设条件，阐明了同侪激励机制的设计依据；6.2 节建立了政府和制造商的演化博弈模型，理论分析系统稳定性；6.3 节进行了算例分析，描述了不同的系统参数对双方演化稳定策略的影响，补充说明了系统不稳定时参数的敏感性分析；6.4 节为本章小结。

6.1　问题描述和假设条件

同侪激励机制描述为：由全体制造商出资组建同侪激励基金池，政府通过绿色补贴将该基金和官方补贴一起发放给环保达标的制造商。具体而言，为了激励制造商研发高绿色度的产品，政府提出一种制度性的激励方案——制造商需要向同侪激励基金池中投入一笔固定数额的承诺资金以获得政府许可的绿色生产资质，并履行积极研发和致力环保的承诺。政府接管基金池，根据制造商的真实研发状况，将基金和官方补贴统筹发放给履约的制造商。

同侪激励机制是基于现实依据与理论依据设计的。现实依据方面，该机制最早产生于联合国在 2016 年颁布的《巴黎协定》。缔约国家达成共识，大部分发达国家是温室气体排放大国，需要在治理气候问题上承担更多的责任。因此，缔约的发达国家需向发展中国家提供重要资金，用于激励后者实现科学减排和可持续发展。理论依据方面，Yang 等[41]基于公共品博弈提出组织成员内部激励的理论可行性。

区别于一般的政府补贴，同侪激励机制下的补贴支出资金来源于政企双方，多渠道的资金来源能够缓解财政压力并保持补贴政策可持续，有利于提高地方政府绿色支持的意愿。同时，补贴由两部分组成，即官方补贴和同侪激励基金。因此，地方政府既是官方补贴资金的拨付者，也是基金的管理者。政府提供的官方补贴并未脱离政府补贴的无偿性原则，而制造商支付基金的行为使得经济资源朝着有利于保护环境的方向再分配。相反，若财政资金完全来源于官方，政府预算紧张会产生补贴资金拖欠或停发等问题，补贴政策可能面临失效。鉴于此，本章将着重探讨同侪激励机制下补贴政策的可持续性，并阐明政企双方在同侪激励机制影响下交互行为机理。

受到环保效益、补贴预算、同侪激励等因素影响，地方政府实施补贴政策的收益会有变动，存在政策收益时政府会继续实施补贴政策，反之则放弃补贴；受到产品利润、补贴支出等因素的影响，制造商有积极研发或者消极研发两种选择。政企双方具备的两种选择符合演化博弈的研究范式，因此基于演化博弈理论对政企双方行为进行深入分析，提出以下问题：哪些条件下的补贴行为能促进政企双方的合作关系？同侪激励下政企双方的博弈行为产生哪些规律？双方博弈行为是否始终有固定策略，若不存在固定策略则政策应该如何完善？

针对以上研究问题，对模型作如下的假设：

假设 6-1：博弈双方均符合有限理性人假设。在某一时刻，政府选择补贴的概率为 $x(t)$，制造商选择积极研发的概率为 $y(t)$，满足约束条件：$0\leqslant x(t)\leqslant 1$，$0\leqslant y(t)\leqslant 1$。

假设 6-2：为了简化问题，假设种群内不存在个体差异和地域差异，每个制造商投入的同侪激励基金为等额，地方政府的管理成本可忽略。

假设 6-3：假设地方政府财政预算紧张，可调用资金仅限于维持环保政绩，因此地方政府的补贴支出由环保政绩和同侪激励基金两部分组成。

6.2 模型建立与稳定性分析

6.2.1 基本模型

模型所涉及的系统参数如表 6-1 所示。

表 6-1　　参数符号说明

符号	含义	符号	含义	符号	含义
α	基础市场	c_e	绿色度-成本系数	g_s	环保效益系数
β	价格偏好水平	c_0	生产成本	e_b	补贴启用基准
γ	绿色偏好水平	v	同侪激励基金	e_p	积极研发的绿色度
η	研发投入水平	k	补贴系数	e_n	消极研发的绿色度

在模型中博弈双方为地方政府群体与制造商群体，两者均为有限理性的主体。根据演化博弈理论，博弈主体均采用两种策略。制造商群体采用积极研发（P）或消极研发（N）两种策略，其可行策略集合为｛P，N｝；地方政府可能面临财政预算紧张，因此有同侪激励补贴（I）或放弃补贴（U）两种策略，其可行策略集合为｛I，U｝。

制造商在积极研发和消极研发策略下对应的总利润分别为 Π_P、Π_N，产品绿色度分别为 e_P、e_N，政府补贴的启用基准为 $e_B(e_P > e_B > e_N)$，政府因制造商绿色研发而产生的环保政绩分别为 $g_s e_P$、$g_s e_N$，其中 g_s 为单位绿色度的环境效益。为了追求更高的环保政绩并兼顾到财政收支平衡，政府只对产品绿色度高于补贴启用基准的企业予以补贴，即补贴积极研发的制造商，则地方政府的补贴支出为 $M = k(v + g_s e_P)$，其中 k 为基于同侪激励基金 v 和环保政绩的补贴系数。由于本章所述的同侪激励是一种无惩罚的激励机制，因此地方政府对消极研发的企业不补贴也不惩罚。但是，政府实施补贴策略后，全体制造商都要交付同侪激励基金 v 以获取绿色生产资质。综上，政企双方博弈的支付矩阵如表 6-2 所示：

表 6-2　　地方政府与制造商之间博弈的支付矩阵

地方政府	制造商	
	P(y)	N(1-y)
I(x)	$g_s e_P + v - k(v + g_s e_P)$，$\Pi_P - v + k(v + g_s e_P)$	$g_s e_N + v$，$\Pi_N - v$
U(1-x)	$g_s e_P$，Π_P	$g_s e_N$，Π_N

地方政府选择同侪激励补贴的概率为 x，放弃补贴的概率为 1 - x；制造商选择积极研发的概率为 y，选择消极研发的概率为 1 - y。根据表 6 - 2，政府实施补贴的期望收益 E_I、放弃补贴的期望收益 E_U 以及平均期望收益 $\overline{E}_G$ 如下：

$$\begin{cases} E_I = y[g_s e_P + v - k(v + g_s e_P)] + (1 - y)(g_s e_N + v) \\ E_U = y\, g_s e_P + (1 - y) g_s e_N \\ \overline{E}_G = x\, E_I + (1 - x) E_U \end{cases} \tag{6-1}$$

根据演化博弈理论，构建出政府的复制动态方程，由式（6 - 1）可得：

$$F(x) = \frac{dx}{dt} = x(1 - x)[(1 - ky)v - ky\, e_P g_s] \tag{6-2}$$

制造商积极研发的期望收益 E_P、消极研发期望收益 E_N 以及平均期望收益 $\overline{E}_M$ 为：

$$\begin{cases} E_P = x[\Pi_P - v + k(v + g_s e_P)] + (1 - x)\Pi_P \\ E_N = x(\Pi_n - v) + (1 - x)\Pi_n \\ \overline{E}_M = y\, E_P + (1 - y) E_N \end{cases} \tag{6-3}$$

同理可得，制造商的复制动态方程为：

$$F(y) = \frac{dy}{dt} = y(1 - y)(kvx + kx\, e_P g_s - \Pi_n + \Pi_P) \tag{6-4}$$

因此，由政府与制造商组成的二维复制动态方程组为：

$$\begin{cases} F(x) = x(1 - x)[(1 - ky)v - ky\, e_P g_s] \\ F(y) = y(1 - y)(kvx + kx\, e_P g_s - \Pi_n + \Pi_P) \end{cases} \tag{6-5}$$

6.2.2 稳定性分析

令式（6 - 5）中 F（x）= 0，F（y）= 0，可以求得（0，0）、（0，1）、（1，0）、（1，1）、（x_1，y_1）是复制动态方程组的均衡点。其中，x_1 =

$\frac{\Pi_n - \Pi_P}{k(v + e_P g_s)}$，$y_1 = \frac{v}{k(v + e_P g_s)}$。

参考 Friedman[120] 对均衡点稳定性的判断方法，利用 Jacobian 矩阵分析均衡点是否为演化稳定策略（ESS）。根据式（6－5）可得 Jacobian 矩阵：

$$J = \begin{bmatrix} (1-2x)[v(1-ky) - ky\, e_P g_s] & -k(1-x)x(v + e_P g_s) \\ ky(1-y)(v + e_P g_s) & (1-2y)(kvx + kx\, e_P g_s + \Pi_P - \Pi_N) \end{bmatrix} \tag{6-6}$$

根据 Jacobian 矩阵稳定性分析方法，均衡点的稳定性分析的结果如表 6－3 所示：

表 6－3　均衡点的稳定性分析

情景	成立条件	均衡点	DetJ	TrJ	结果
Ⅰ	$\Pi_P > \Pi_N$ $M > v$	（0，0）	+	+	不稳定
		（0，1）	+	−	ESS
		（1，0）	−	?	鞍点
		（1，1）	−	−	鞍点
Ⅱ	$\Pi_P > \Pi_N$ $M < v$	（0，0）	+	+	不稳定
		（0，1）	−	?	鞍点
		（1，0）	−	?	鞍点
		（1，1）	+	−	ESS
Ⅲ	$\Pi_P < \Pi_N$ $M < \Pi_N - \Pi_P$ $M > v$	（0，0）	−	?	鞍点
		（0，1）	−	?	鞍点
		（1，0）	+	−	ESS
		（1，1）	+	+	不稳定
	$\Pi_P < \Pi_N$ $M < \Pi_N - \Pi_P$ $M < v$	（0，0）	−	?	鞍点
		（0，1）	+	+	不稳定
		（1，0）	+	−	ESS
		（1，1）	−	?	鞍点

续表

情景	成立条件	均衡点	DetJ	TrJ	结果
Ⅳ	$\Pi_P < \Pi_N$ $M > \Pi_N - \Pi_P$ $M > v$	(0，0)	-	?	鞍点
		(0，1)	-	?	鞍点
		(1，0)	-	?	鞍点
		(1，1)	-	?	鞍点
		(x_1, y_1)	+	0	中心点
Ⅴ	$\Pi_P < \Pi_N$ $M > \Pi_N - \Pi_P$ $M < v$	(0，0)	-	?	鞍点
		(0，1)	+	+	不稳定
		(1，0)	-	?	鞍点
		(1，1)	+	-	ESS

注：“+”为大于0，“-”为小于0，“?”为不确定。

每个情景的成立条件和管理意义，具体分析如下：

情景Ⅰ的成立条件是制造商积极研发的利润高于消极研发，且政府补贴支出大于同侪激励基金。当满足条件 $\Pi_P > \Pi_N$ 和 $M > v$，制造商选择积极研发的策略，地方政府选择放弃补贴的策略，对应的演化博弈轨迹如图6-1（a）所示。此时，均衡点（0，1）为ESS。

情景Ⅱ的成立条件是制造商积极研发的利润高于消极研发，且政府补贴支出小于同侪激励基金。当满足条件 $\Pi_P > \Pi_N$ 和 $M < v$，制造商选择积极研发的策略，地方政府选择同侪激励补贴的策略，对应的演化博弈轨迹如图6-1（b）所示。此时，均衡点（1，1）为ESS。

情景Ⅲ的成立条件是制造商消极研发的利润高于积极研发，且政府补贴支出小于制造商采用两种策略的利润差额。当满足条件 $\Pi_P < \Pi_N$ 和 $M < \Pi_N - \Pi_P$，制造商选择消极研发的策略，地方政府选择同侪激励补贴的策略，对应的演化博弈轨迹如图6-1（c）、（d）所示。此时，均衡点（1，0）为ESS。

情景Ⅳ的成立条件是制造商消极研发的利润高于积极研发，且政府补贴支出大于制造商采用两种策略的利润差额，且政府补贴支出大于同侪激励基金。当满足条件 $\Pi_P < \Pi_N$、$M < \Pi_N - \Pi_P$ 以及 $M > v$，制造商和地方政府的策略选择会随对方策略改变而周期性调整，对应的演化博弈轨迹如图 6－1（e）所示。均衡点不存在 ESS，但存在中心点（x_1，y_1）。

情景Ⅴ的成立条件是制造商消极研发的利润高于积极研发，且政府补贴支出大于制造商采用两种策略的利润差额，且政府补贴支出小于同侪激励基金。当满足条件 $\Pi_P < \Pi_N$、$M > \Pi_N - \Pi_P$、$M < v$，制造商选择积极研发的策略，地方政府选择同侪激励补贴的策略，对应的演化博弈轨迹如图 6－1（f）所示。此时，均衡点（1，1）为 ESS。

以上分析表明，在政企双方的演化博弈中，（1）当制造商采用积极研发的策略所得利润高于消极研发，制造商始终选择积极研发，而地方政府是否实行补贴策略取决于同侪激励基金和补贴支出的大小关系；（2）当制造商消极研发的策略所得利润高于积极研发，若存在 ESS，则政府始终选择同侪激励补贴的策略，而制造商的研发策略选择取决于政府补贴支出和制造商采用两种策略的利润差额的大小关系；（3）若不存在 ESS，政企双方策略选择的演化轨迹是围绕中心点动态循环的闭轨环线，博弈过程中构建的系统不存在固定策略。具体来说，地方政府的补贴促使更多的制造商采用积极研发策略，然而随着积极研发的制造商群体规模扩大，地方政府又因补贴支出过大而逐渐放弃补贴，此时积极研发的制造商群体规模又逐渐缩小。这种动态循环过程形成了“补贴困局”，增大了制造商和地方政府动态决策的难度。因此，需要进一步完善补贴机制以缓解基本模型中存在的系统不稳定性。

6.2.3　动态同侪激励下的博弈模型

完善补贴机制的常规做法是引入动态惩罚，即当制造商消极研发的群体规模增大时，政府加大惩罚力度，反之则降低惩罚力度。此类做法已被大量文献[121, 122]采用，可以缓解系统不稳定。本章所述的同侪激励是无惩罚激励，因此可考虑将补贴机制调整为动态奖励。由于补贴支出 $M = k(v + g_s e_P)$ 中可供动态调整的变量为补贴系数 k 或同侪激励基金 v，则可考虑将 v 作为动态参数，即$v'(y) = (1 - y)v$。动态参数 v'的解释为：当制造商积极研发的概率越高时，其支付的同侪激励基金越小；当制造商消极研发的概率越高时，其支付的同侪激励基金越大。将动态调整后的同侪激励补贴机制简称为“动态机制”，以对应于前述的“静态机制”。同理，由政府与制造商组成的二维复制动态方程组为：

$$\begin{cases} F(x) = x(1 - x)[(1 - ky)v' - ky\, e_P g_s] \\ F(y) = y(1 - y)(k\, v'x + kx\, e_P g_s - \Pi_n + \Pi_P) \end{cases} \tag{6-7}$$

令式（6－7）中 $F(x) = 0$，$F(y) = 0$，可以求得（0，0）、（0，1）、（1，0）、（1，1）、（x_2，y_2）是复制动态方程组的均衡点。其中，$x_2 = \dfrac{\Pi_n - \Pi_P}{k(v' + e_P g_s)}$，$y_2 = \dfrac{v'}{k(v' + e_P g_s)}$。

在动态同侪机制作用下，政企双方行为策略的演化轨迹由围绕中心点循环的闭轨环线转变为图 6－1（g）所示趋向（x_2，y_2）的螺旋环。情景Ⅵ的成立条件是制造商消极研发的利润高于积极研发，且政府补贴支出大于制造商采用两种策略的利润差额，且政府补贴支出大于动态调整后的同侪激励基金。满足情景Ⅵ的成立条件时，制造商和地方政府的策略选择会随对方策略改变而不断调整，最终趋向渐近稳定。

综上，静态机制和动态机制下的激励模型具有如下特点：（1）动态机制是在静态机制无法形成稳定均衡状态时对补贴机制的补充完善，两者均表现出补贴政策的无惩罚性。交付同侪激励基金一方面使全体制造商获取了生产资质，另一方面激励了积极研发的制造商；（2）在财政支出紧张的局面下，例如情景Ⅴ，同侪激励机制依然能确保政企合作趋于稳定均衡；（3）所有制造商交付等额基金，一定程度上避免了主动惩罚个体而导致的不良后果。

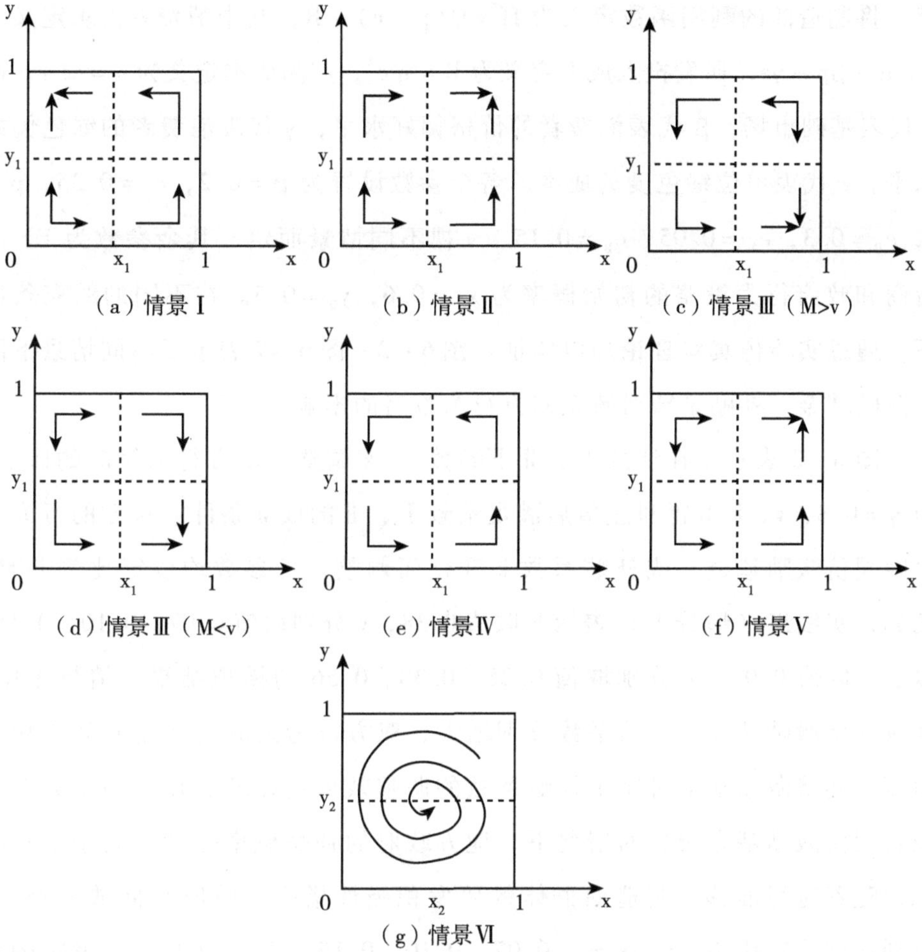

图 6-1 地方政府和制造商演化博弈相位图

6.3 算例分析

6.3.1 不同情景下参数对政企双方行为策略的影响

考虑到制造商的利润与市场因素、产品质量有关，例如消费者需求、产品绿色度、价格等，在数值模拟中参考了 Dai 等[93]、温兴琦等[101]的研究。将制造商的利润函数定义为 $\Pi = Q(p-c) - R$，其中消费者需求定义为 $Q = \alpha - \beta p + \gamma e$，研发投入成本定义为 $R = \eta e^2$，产品成本定义为 $c = c_0 + c_e e$。α 代表基础市场，β 代表消费者的价格偏好水平，γ 代表消费者的绿色偏好水平，c_e代表单位绿色度的成本。各个参数设置为 $\beta = 0.2$，$c_e = 0.35$，$p = 4$，$e_P = 0.3$，$e_N = 0.05$，$e_B = 0.15$，γ 视不同情景而定，其余参数为 1。制造商和政府行为策略的初始概率为 $x_0 = 0.6$，$y_0 = 0.5$。在不同的约束条件下，通过实验仿真对理论加以验证。图 6－2～图 6－7 表示了不同情景下同侪激励基金、补贴系数对政企双方行为策略的影响。

图 6－2 表示了在情景Ⅰ、Ⅱ下参数 v、k 调整对双方行为策略的影响。当 $\gamma = 0.8$，v、k 取得对应值后满足情景Ⅰ、Ⅱ的成立条件。双方的行为策略随同侪激励基金 v 或补贴系数 k 变化而调整，且参数均以等比例调整。例如，实线组（情景Ⅰ）表示 k 取值 0.38，v 分别取值 0.07、0.10、0.15，以及 v 取值 0.07，k 分别取值 0.25、0.38、0.56 的模拟结果。情景Ⅰ中，随着同侪激励基金、补贴系数分别增大，双方行为策略的演化时间均相应缩短，同侪激励基金对比于补贴系数的调整效果更显著。在补贴系数较小或者同侪激励基金较高的情况下，地方政府的补贴概率一开始处于增长状态，随着时间推移，制造商群体的研发积极性增强，政府转向放弃补贴，直到达到稳定状态。$v = k = \{0.07, 0.10, 0.15\}$ 时，双方行为策略的调整过程与情景Ⅱ吻合，积极研发的制造商群体规模始终增大，地方政府保持财政收支平衡，因此双方一直处于合作状态直到形成稳定均衡。

图 6－3 表示了在情景Ⅲ下参数 v、k 调整对双方行为策略的影响。当 $\gamma = 0.05$，v、k 取得对应值后满足情景Ⅲ的成立条件。为了更清楚地表明情景Ⅲ中 M 和 v 相对大小关系产生的差异，令当前情景下初始概率 $x_0 = 0.6$，$y_0 = 0.7$。$v = \{0.010, 0.015, 0.023\}$，$k = \{0.070, 0.100, 0.150\}$ 表示了政府补贴支出大于同侪激励基金（$M > v$）的情况，$v = \{0.010, 0.015, 0.023\}$，$k = \{0.027, 0.040, 0.060\}$ 表示了政府补贴支出小于同侪激励

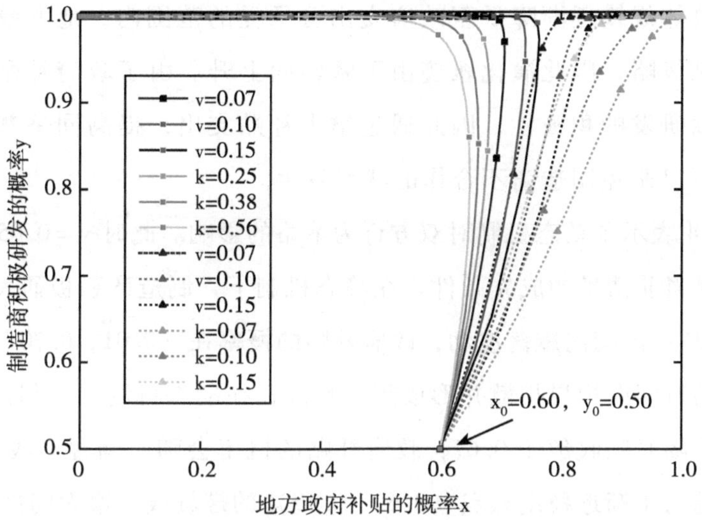

图 6－2　参数调整对双方行为策略的影响（情景 Ⅰ 、Ⅱ）

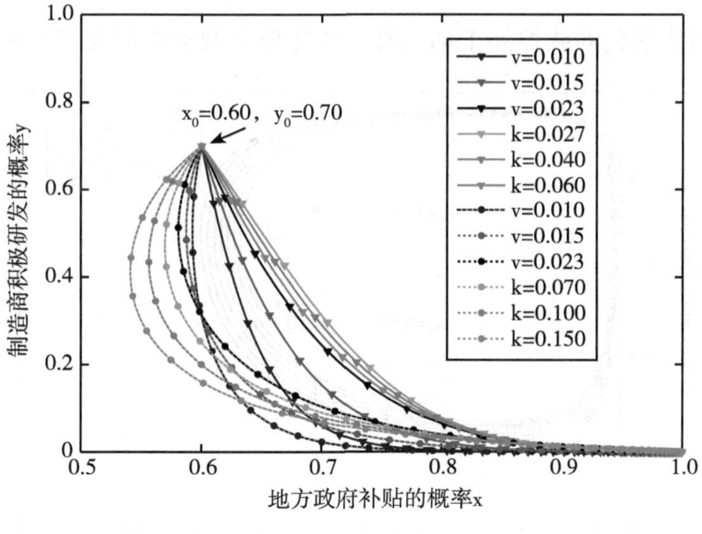

图 6－3　参数调整对双方行为策略的影响（情景Ⅲ）

基金（M < v）。对比两种情况，发现前者的政府补贴概率是先降后升的“U”型曲线，其解释为：初始状态时，采用积极研发策略的制造商初始规模较大，地方政府因补贴支出过高而倾向于放弃补贴策略，随着制造商积

极研发的群体规模逐渐降低至政府支出可承受的范围内，地方政府又倾向于实施补贴策略，因此演化轨迹由下降转向上升。由于政府补贴支出无法调动制造商研发的积极性，因此通过增大补贴支出，提高同侪基金或者补贴系数，可以避免制造商不合作的状况发生。

图6－4表示了动态机制对双方行为策略的影响。此时 $\gamma=0.05$，$v=0.5$，$k=2$，满足当前情景的成立条件。在静态机制下，制造商积极研发的概率在［0.21，0.96］区间内震荡波动，政府补贴的概率在［0.01，0.70］区间内震荡波动，随时间向边界扩散并形成闭轨环线；在动态机制下，制造商积极研发的概率会随时间收敛于0.67，政府补贴的概率会随时间逐渐收敛于0.63，最终形成趋向于渐近稳定焦点（0.63，0.67）的螺旋线。增大同侪激励基金，政企双方合作的概率也会增大。由于补贴支出过高或者制造商研发积极性降低两方面原因，在静态机制下双方的策略选择无法达到稳定状态，只有当地方政府对同侪基金的调控处于动态时，才能稳定调动制造商研发积极性。

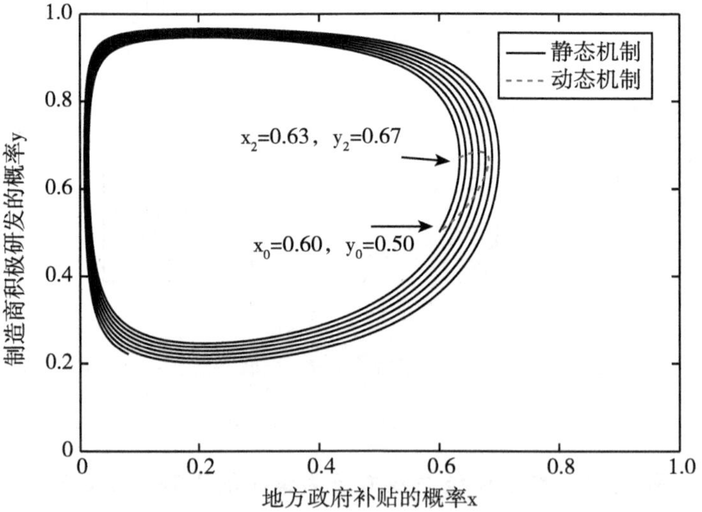

图6－4　动态机制对双方行为策略的影响（情景Ⅳ、Ⅵ）

图6－5表示了在情景Ⅴ下制造商与政府的行为策略随参数调整的演化轨迹。当 $\gamma=0.05$，$v=\{0.07, 0.10, 0.15\}$，$k=\{0.12, 0.18, 0.27\}$ 时满足

情景Ⅴ的成立条件。当前情景下，地方政府处于财政收支平衡状态，政府实施补贴策略调动了制造商的研发积极性，双方的行为策略朝着相互合作的方向发展。相较于调整补贴系数，调整同侪激励基金有更强的合作促进效果。

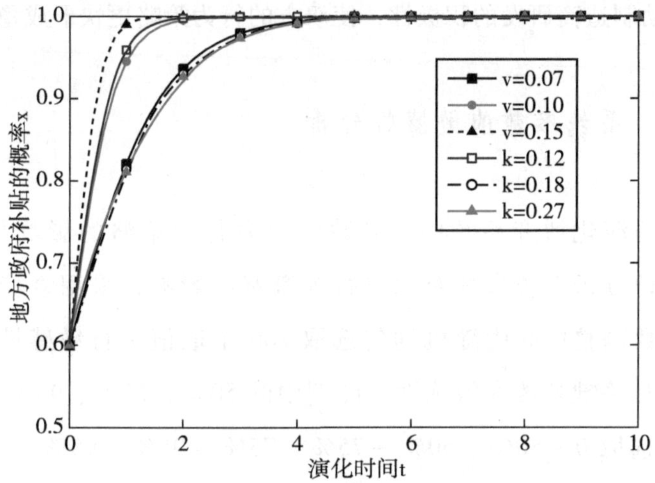

（a）地方政府补贴的概率

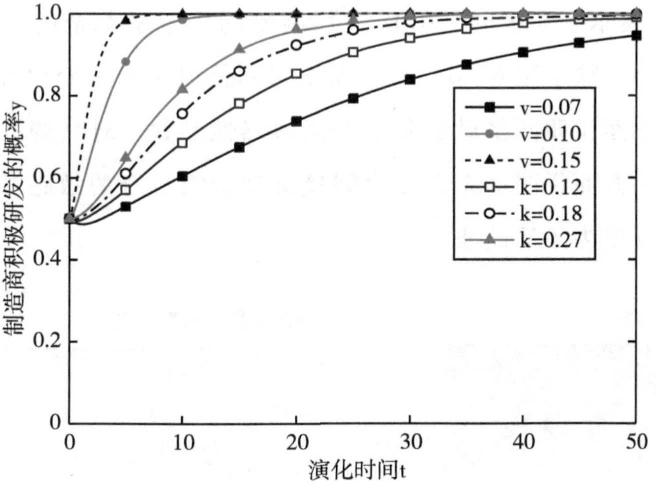

（b）制造商积极研发的概率

图 6－5　双方行为策略的演化轨迹（情景Ⅴ）

上述实验表明，（1）制造商的利润、地方政府的补贴支出分别决定其对应的纯策略选择，两者各自倾向于追求更高的利润或者更低的补贴支出，补贴资金不足会造成地方政府放弃补贴，或制造商不响应补贴政策这两种消极行为；(2) 相较于补贴系数，适当调整同侪激励基金可以更有效地平衡财政收支，促进政企双方合作；(3) 补贴支出较高会形成不稳定的合作关系，动态调控同侪基金能够调动制造商研发的积极性，使双方的行为策略更快形成稳定均衡。

6.3.2 系统参数的敏感性分析

不稳定的演化博弈系统中，参数对双方行为策略的影响是不确定的。为了更准确地分析系统参数对双方行为策略的影响，采用蒙特卡罗模拟方法在对应参数调整区间内随机均匀选取200个取值进行敏感性分析，研究系统不稳定时关键参数的敏感性。图例中的50%、75%、95%、100%分别表示了均匀选取0~50%、50%~75%、75%~95%、95%~100%的随机参数值，并显示出相应区域的模拟结果。

图6-6表示了在区间［0.1，1］调整同侪激励基金的敏感性分析结果。可以看出，除了图6-6（c），系统对同侪激励基金变化都表现出较高的敏感。一方面说明同侪激励基金是高敏感性参数，对其调控具有更强的针对性；另一方面说明动态调控会间接抑制参数自身的敏感性，使地方政府的政策执行更为灵活简便。

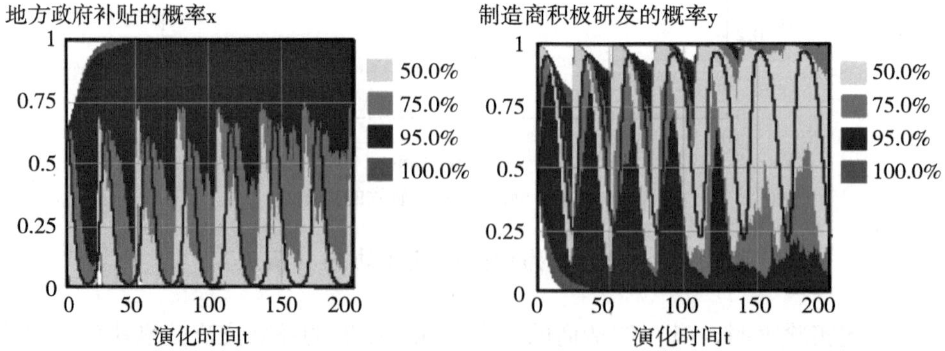

（a）静态机制下政府补贴概率　（b）静态机制下制造商积极研发概率

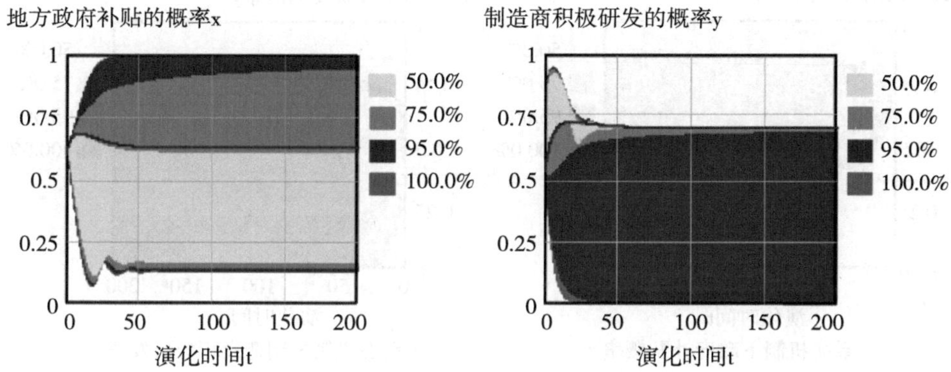

（c）动态机制下政府补贴概率　　（d）动态机制下制造商积极研发概率

图 6－6　同侪激励基金 v 的敏感性分析

图 6－7 表示了在区间［0.1，6.0］调整补贴系数的敏感性分析结果。对比图 6－6 和图 6－7 看出，系统对补贴系数表现出低敏感性，对研发投入水平 η（图 6－8）、价格偏好水平 β、绿色偏好水平 γ 等环境参数的敏感性分析也得出类似结论。因此，同侪激励是影响政策实施效果的重要因素，地方政府在实施补贴过程中既要把握补贴力度，关注到市场环境、企业研发状况带来的变化，更应该合理调控同侪激励基金。

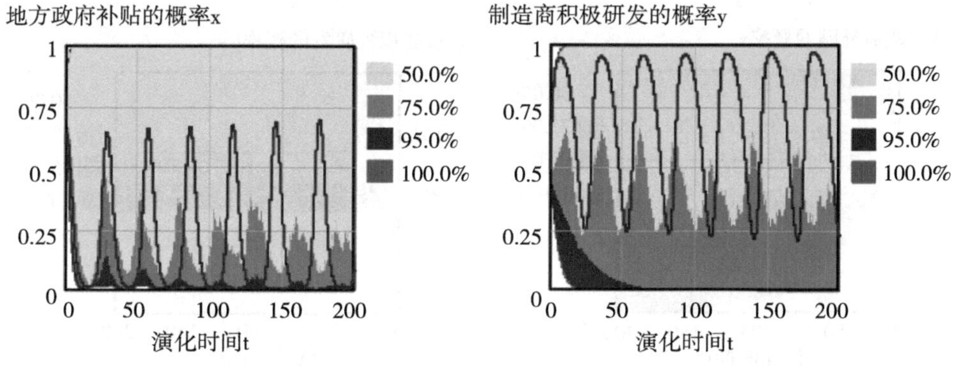

（a）静态机制下政府补贴概率　　（b）静态机制下制造商积极研发概率

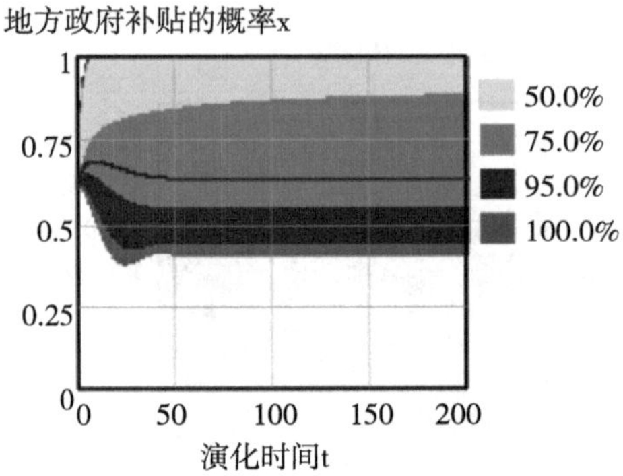

(c) 动态机制下政府补贴概率

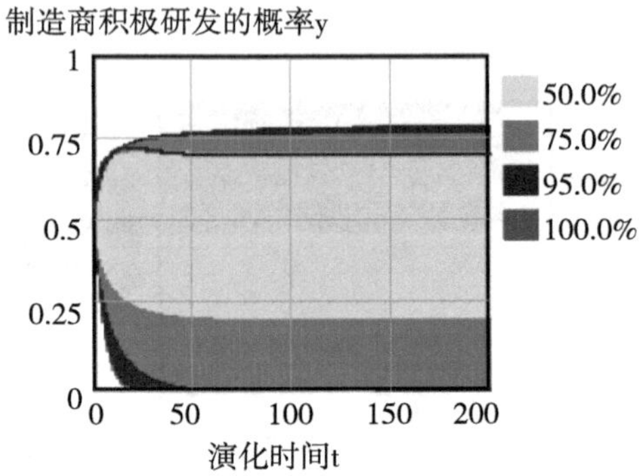

(d) 动态机制下制造商积极研发概率

图 6-7　补贴系数 k 的敏感性分析

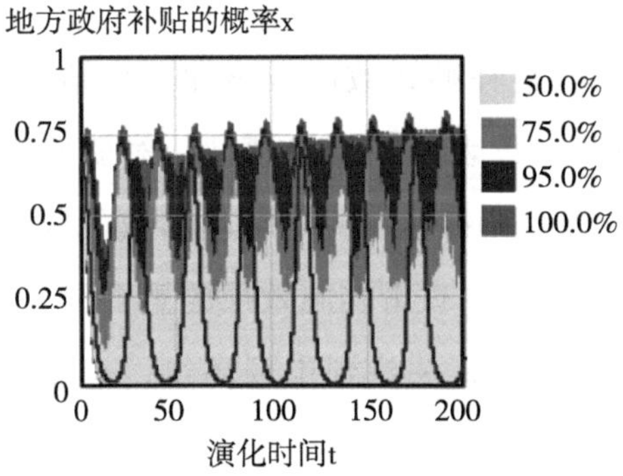

(a) 静态机制下政府补贴概率

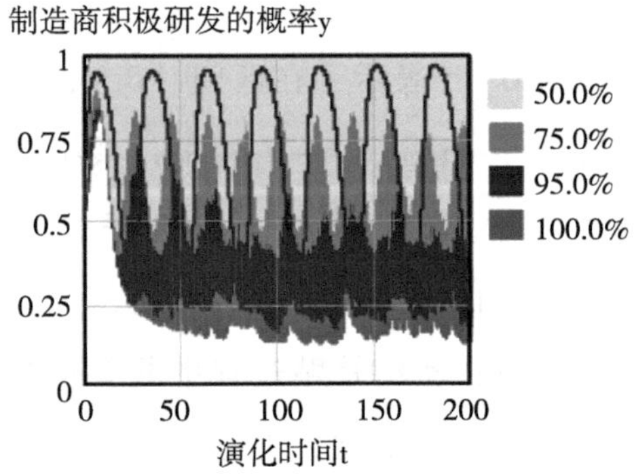

(b) 静态机制下制造商积极研发概率

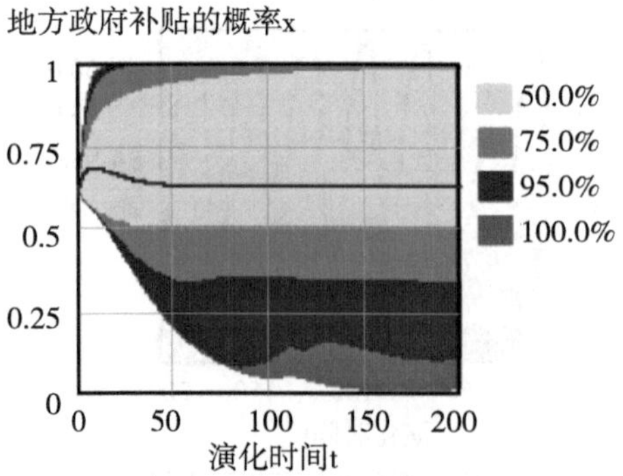

(c) 动态机制下政府补贴概率

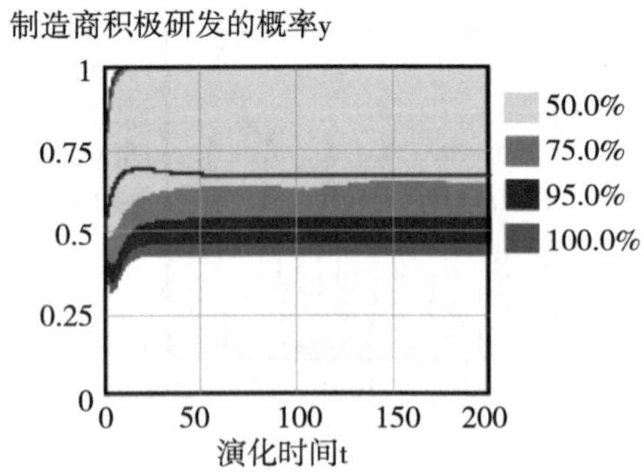

(d) 动态机制下制造商积极研发概率

图 6-8　研发投入水平 η 的敏感性分析

综上，在地方政府对制造商实施同侪激励下的补贴政策时，调整同侪激励基金对政策实施效果的影响最为显著。在不稳定的政企合作关系中，政策调控的难度加大，动态机制的灵活性减轻了地方政府的调控压力，进一步增强了补贴政策的可持续性和可预期性。

6.4　本章小结

本章在倡导绿色研发制造的背景下，基于有限理性的基本假设构建了地方政府与绿色制造商的演化博弈模型，考虑到地方财政压力的问题，设计了包含同侪激励基金和官方补贴两种资金渠道的补贴机制，理论归纳了静态、动态同侪激励机制下的政企双方交互行为的不同情景和成立条件，通过数值模拟研究了不同参数对演化系统的敏感性影响。研究表明：（1）政企行为策略的变化受到生产利润、补贴支出、同侪激励基金三者共同影响而形成不同的演化稳定策略，较低的政府补贴支出仍能长期激励制造商绿色研发。（2）调整同侪激励基金或者补贴系数可以平衡财政支出，使双方行为向着长期合作的方向演化。（3）政府的补贴支出应当适度，支出过度会导致“补贴困局”，动态同侪激励机制能够完善补贴政策，消除演化系统的不稳定性。（4）相较于补贴系数，同侪激励基金具有更高的参数敏感性，动态调整同侪激励基金的效果更为显著。本章对于平衡财政收支，优化绿色制造的激励机制具有一定的政策启示。

第 7 章

结论与展望

7.1 研究总结

本书从绿色制造的背景出发，提出了基于绿色度、生产成本、研发投入的三种政府补贴策略，从生产利润、社会福利、财政支出三个角度，综合运用博弈理论研究不同的供应链结构、时态、政企关系下的均衡决策问题。本书的主要研究结论如下：

（1）补贴策略对静态决策的影响。消费者绿色偏好水平和研发投入水平的变化不影响产品绿色度、制造商利润和零售商利润在三种政府补贴策略下的排序，但影响政府补贴的效果和区分度，不同的政府补贴策略对供应链最优决策的影响越大，政府补贴效果的区分度越大；政府补贴策略评价标准不同，其选优结果不同。如果以产品绿色度为政府补贴策略评价标准，则投入成本补贴策略是最佳的。对制造商来说，生产成本的补贴策略是最有利的，而零售商更倾向于绿色度补贴策略；政府补贴系数的变化不影响产品绿色度、制造商利润的排序，但对零售商利润在研发投入补贴和成本补贴两种策略下的排序有影响。

（2）补贴策略对动态决策的影响。当系统状态收敛后，由于产品的绿色度受到衰减效应的影响，补贴力度较高时研发投入补贴策略的绿色度提升效果最佳，反之绿色度补贴策略效果更好；以制造商利润和零售商利润为评价标准，其补贴效果与静态决策下的结论一致；不同参数的变化会影响到绿色供应链的最优决策值以及在相同补贴效果下对应的补贴系数，但不影响补贴策略的排序；演化过程中，补贴策略排序随时间改变，政府可根据评价标准动态选择最佳的补贴策略。

（3）考虑制造商的决策偏差时政府补贴对供应链决策的影响。若制造商的决策偏差水平过大，供应链系统会失去稳定性，继而绿色决策表现出混沌、初值敏感等一系列复杂动力学特征；系统混沌时，引起混沌者的利润会下降，供应链其他成员的利润有可能上升，但所有制造商的产品绿色度均下降；借助参数反馈控制能在不同程度上消除系统混沌，补贴支出的增大是系统由混乱状态重新恢复到秩序状态的动因。

（4）在限制单一补贴政策力度的条件下，财政宽裕的地方政府采用政策组合将有利于提高社会福利、产品绿色度，并降低产品价格。财政紧张的地方政府适合采用研发补贴策略来控制补贴支出，但企业可能因此提高产品价格。补贴支出上限和政策复杂水平决定政策组合的实际数目，政策组合实施过程的损耗成本导致企业决策分层，一定程度上削弱了政策组合所带来的社会福利增量。

（5）考虑同侪激励时补贴策略对绿色决策的影响。政企决策行为受到生产利润、补贴支出、同侪激励基金三者共同影响而形成不同的演化稳定策略；静态的同侪激励机制可能产生系统不稳定现象，动态机制使双方决策行为趋于稳定均衡点；政府补贴支出过高会使系统不稳定，通过调整同侪激励基金、补贴系数、补贴启用基准均可以平衡财政支出，从而使双方形成良好的演化稳定策略；对双方决策影响最大的系统参数是同侪激励基金，补贴系数、研发投入水平等参数敏感性相对较低。

7.2 本书局限性与未来研究内容

（1）不同政策领域内政策工具组合的可行性。丰富的政策组合可以减弱政治可行性和解决问题的有效性之间的潜在权衡关系。由于不同政策领域内的政策工具在调节产品绿色度、生产利润、社会福利、补贴支出等方面发挥着不同程度的作用，考虑把多种政策工具组合纳入绿色供应链系统将进一步完善本书的研究，例如政府补贴、征收碳排放税、环保法规等政策工具组合。

（2）考虑消费者需求不确定。本书的建模均假设了供需平衡，但实践中消费者需求往往是不确定的。对于企业和政府而言，这必然会影响供应链绿色决策，也会形成政府补贴策略的转变，从而对补贴效果产生影响。

（3）同侪激励下不同补贴策略的政策合理性。书中以研发投入策略的弹性补贴为例，也可以比较产量挂钩补贴与脱钩补贴、同侪激励与奖惩激励等不同补贴策略的优劣性。同侪激励机制对于防止骗补寻租现象的有效性评估，以及参与者的个体性差异分析，也是下一步的研究方向。

参考文献

[1] 胡鞍钢，周绍杰．绿色发展：功能界定、机制分析与发展战略[J]．中国人口·资源与环境，2014，24（01）：14－20.

[2] Nielsen I E，Majumder S，Sana S S，et al. Comparative analysis of government incentives and game structures on single and two－period green supply chain [J]．Journal of Cleaner Production，2019，235：1371－1398.

[3] Wu C. A dynamic perspective of government intervention in a competitive closed－loop supply chain [J]．European Journal of Operational Research，2021，294（1）：122－137.

[4] Wu W，Zhao K，Li L. Can government subsidy strategies and strategy combinations effectively stimulate enterprise innovation? Theory and evidence [J]．Economia Politica，2021，38（2）：423－446.

[5] Fesenfeld L P，Wicki M，Sun Y，et al. Policy packaging can make food system transformation feasible [J]．Nature Food，2020，1（3）：173－182.

[6] Yenipazarli A. To collaborate or not to collaborate：Prompting upstream eco－efficient innovation in a supply chain [J]．European Journal of Operational Research，2017，260（2）：571－587.

[7] Zhou Y，Ye X. Differential game model of joint emission reduction strategies and contract design in a dual－channel supply chain [J]．Journal of

Cleaner Production, 2018, 190: 592 -607.

[8] Mitra S, Webster S. Competition in remanufacturing and the effects of government subsidies [J]. International Journal of Production Economics, 2008, 111 (2): 287 -298.

[9] Bian J, Zhang G, Zhou G. Manufacturer vs. Consumer subsidy with green technology investment and environmental concern [J]. European Journal of Operational Research, 2020, 287 (3): 832 -843.

[10] Yu Z, Tianshan M, Khan S A R. Investigating the effect of government subsidies on end - of - life vehicle recycling [J]. Waste Management & Research: The Journal for a Sustainable Circular Economy, 2020, 39 (6): 860 -870.

[11] Meng Q, Li M, Li Z, et al. How different government subsidy objects impact on green supply chain decision considering consumer group complexity [J]. Mathematical Problems in Engineering, 2020, 20: 5387867.

[12] Hong I, Chiu A S F, Gandajaya L. Impact of subsidy policies on green products with consideration of consumer behaviors: Subsidy for firms or consumers? [J]. Resources, Conservation and Recycling, 2021, 173: 105669.

[13] 张艳丽，胡小建，杨海洪等．政府补贴下考虑消费者策略行为的绿色供应链决策模型 [J]．预测，2017，36 (02)：57 -63.

[14] 尚文芳，滕亮亮．考虑政府补贴和销售努力的零售商主导型绿色供应链博弈策略 [J]．系统工程，2020，38 (2)：40 -50.

[15] Yang D, Xiao T. Pricing and green level decisions of a green supply chain with governmental interventions under fuzzy uncertainties [J]. Journal of Cleaner Production, 2017, 149: 1174 -1187.

[16] Zhang F, Sun W. The Micro - mechanism of Government R&D Subsidy Efficiency: Superposition of Incentive Effect and Crowding - out Effect—A

Theoretical Interpretation and Inspection [J]. Public Finance Research, 2018 (4): 48 - 60.

[17] Luo C, Leng M, Huang J, et al. Supply chain analysis under a price - discount incentive scheme for electric vehicles [J]. European Journal of Operational Research, 2014, 235 (1): 329 - 333.

[18] Shao L, Yang J, Zhang M. Subsidy scheme or price discount scheme? Mass adoption of electric vehicles under different market structures [J]. European Journal of Operational Research, 2017, 262 (3): 1181 - 1195.

[19] Heydari J, Govindan K, Jafari A. Reverse and closed loop supply chain coordination by considering government role [J]. Transportation Research Part D: Transport and Environment, 2017, 52: 379 - 398.

[20] Madani S R, Rasti - Barzoki M. Sustainable supply chain management with pricing, greening and governmental tariffs determining strategies: A game - theoretic approach [J]. Computers & Industrial Engineering, 2017, 105: 287 - 298.

[21] 朱庆华，窦一杰. 基于政府补贴分析的绿色供应链管理博弈模型 [J]. 管理科学学报，2011，14 (06): 86 - 95.

[22] Bian J, Zhao X. Tax or subsidy? An analysis of environmental policies in supply chains with retail competition [J]. European Journal of Operational Research, 2020, 283 (3): 901 - 914.

[23] Sinayi M, Rasti - Barzoki M. A game theoretic approach for pricing, greening, and social welfare policies in a supply chain with government intervention [J]. Journal of Cleaner Production, 2018, 196: 1443 - 1458.

[24] Zhang Y, Hong Z, Chen Z, et al. Tax or subsidy? Design and selection of regulatory policies for remanufacturing [J]. European Journal of Operational Research, 2020, 287 (3): 885 - 900.

[25] 曹裕，李青松，胡韩莉. 不同政府补贴策略对供应链绿色决策的影响研究 [J]. 管理学报，2019，16 (02)：297 - 305.

[26] Li Y. Research on supply chain CSR management based on differential game [J]. Journal of Cleaner Production, 2020, 268: 122 - 132.

[27] Zhang Y H, Wang Y. The impact of government incentive on the two competing supply chains under the perspective of corporation social responsibility: a case study of Photovoltaic industry [J]. Journal of Cleaner Production, 2017, 154: 102 - 113.

[28] Wang Y, Chang X, Chen Z, et al. Impact of subsidy policies on recycling and remanufacturing using system dynamics methodology: a case of auto parts in China [J]. Journal of Cleaner Production, 2014, 74: 161 - 171.

[29] 赵道致，原白云，徐春明. 低碳供应链纵向合作减排的动态优化 [J]. 控制与决策，2014，29 (07)：1340 - 1344.

[30] 叶同，关志民，陶瑾等. 考虑消费者低碳偏好和参考低碳水平效应的供应链联合减排动态优化与协调 [J]. 中国管理科学，2017，25 (10)：52 - 61.

[31] 朱桂菊，游达明. 基于微分对策的绿色供应链生态研发策略与协调机制 [J]. 运筹与管理，2017，26 (06)：62 - 69.

[32] 罗暘洋，李存金，罗斌. 基于双层网络的第三方支付机构与商业银行竞合演化机理研究 [J]. 中国管理科学，2021：1 - 14.

[33] Wang M. Evolutionary game theory based evaluation system of green building scheme design [J]. Cognitive Systems Research, 2018, 52: 622 - 628.

[34] Zhang L, Long R, Huang Z, et al. Evolutionary game analysis on the implementation of subsidy policy for sustainable transportation development [J]. Journal of Cleaner Production, 2020, 267: 122 - 159.

[35] Traulsen A, Hauert C, Silva H D, et al. Exploration dynamics in

evolutionary games [J]. Proceedings of the National Academy of Sciences, 2009, 106 (3): 709 - 712.

[36] Tian Y, Govindan K, Zhu Q. A system dynamics model based on evolutionary game theory for green supply chain management diffusion among Chinese manufacturers [J]. Journal of Cleaner Production, 2014, 80: 96 - 105.

[37] Wang S, Fan J, Zhao D, et al. The Impact of government subsidies or penalties for new - energy vehicles: a static and evolutionary game model analysis [J]. Journal of Transport Economics & Policy, 2015, 49 (1): 98 - 114.

[38] Liu C, Huang W, Yang C. The evolutionary dynamics of China's electric vehicle industry - Taxes vs. subsidies [J]. Computers & Industrial Engineering, 2017, 113: 103 - 122.

[39] Xie H, Wang W, Zhang X. Evolutionary game and simulation of management strategies of fallow cultivated land: A case study in Hunan province, China [J]. Land Use Policy, 2018, 71: 86 - 97.

[40] Mahmoudi R, Rasti - Barzoki M. Sustainable supply chains under government intervention with a real - world case study: An evolutionary game theoretic approach [J]. Computers & Industrial Engineering, 2018, 116: 130 - 143.

[41] Yang C, Zhang B, Charness G, et al. Endogenous rewards promote cooperation [J]. Proceedings of the National Academy of Sciences, 2018, 115 (40): 9968 - 9973.

[42] Gruchmann T, Neukirchen T. Horizontal bullwhip effect - empirical insights into the system dynamics of automotive supply networks [J]. IFAC - PapersOnLine, 2019, 52 (13): 1266 - 1271.

[43] Sun H, Wan Y, Zhang L, et al. Evolutionary game of the green investment in a two - echelon supply chain under a government subsidy mechanism [J]. Journal of Cleaner Production, 2019, 235: 1315 - 1326.

[44] Wang Z, Wang Q, Chen B, et al. Evolutionary game analysis on behavioral strategies of multiple stakeholders in E - waste recycling industry [J]. Resources, Conservation and Recycling, 2020, 155: 104 - 618.

[45] Cui H, Wang R, Wang H. An evolutionary analysis of green finance sustainability based on multi - agent game [J]. Journal of Cleaner Production, 2020, 269: 121 - 799.

[46] Jagan Mohan Reddy K, Neelakanteswara Rao A, Krishnanand L. Manufacturer performance modelling using system dynamics approach [J]. Materials Today: Proceedings, 2020, 33 (1): 142 - 146.

[47] 徐建中, 贯君, 朱晓亚. 政府行为对制造企业绿色创新模式选择影响的演化博弈研究 [J]. 运筹与管理, 2017, 26 (09): 68 - 77.

[48] 汪勇杰, 陈通, 邓斌超. 政府补贴机制下研发外包的演化博弈分析 [J]. 管理工程学报, 2017, 31 (02): 137 - 142.

[49] 许玲燕, 杜建国, 汪文丽. 农村水环境治理行动的演化博弈分析 [J]. 中国人口·资源与环境, 2017, 27 (05): 17 - 26.

[50] 陈婉婷, 胡志华. 奖惩机制下政府监管与制造商回收的演化博弈分析 [J]. 软科学, 2019, 33 (10): 106 - 112.

[51] 程敏, 刘亚群, 王洪强. 基于系统动力学的邻避设施 PPP 项目三方演化博弈分析 [J]. 运筹与管理, 2019, 28 (10): 40 - 49.

[52] Hwarng H B, Xie N. Understanding supply chain dynamics: a chaos perspective [J]. European Journal of Operational Research, 2008, 184 (3): 1163 - 1178.

[53] Wang G, Ma J. Modeling and complexity study of output game among multiple oligopolistic manufacturers in the supply chain system [J]. International Journal of Bifurcation and Chaos, 2013, 23 (03): 135.

[54] Ma J, Wang H. Complexity analysis of dynamic noncooperative game

models for closed – loop supply chain with product recovery [J]. Applied Mathematical Modelling, 2014, 38 (23): 5562 – 5572.

[55] Li T, Ma J. Complexity analysis of the dual – channel supply chain model with delay decision [J]. Nonlinear Dynamics, 2014, 78 (4): 2617 – 2626.

[56] Xie L, Ma J. Study the complexity and control of the recycling – supply chain of China's color TVs market based on the government subsidy [J]. Communications in Nonlinear Science and Numerical Simulation, 2016, 38: 102 – 116.

[57] Dai D, Si F, Wang J. Stability and complexity analysis of a Dual – Channel Closed – Loop supply chain with delayed decision under government intervention [J]. Entropy, 2017, 19 (11): 577.

[58] Chang J, Zhao L. Complexity analysis of dynamic cooperative game models for supply chain with the remanufactured products [J]. Discrete Dynamics in Nature and Society, 2018, 18: 92.

[59] Zhao L, Chang J, Du J. Dynamics analysis on competition between manufacturing and remanufacturing in context of government subsidies [J]. Chaos, Solitons & Fractals, 2019, 121: 119 – 128.

[60] Wu F. Research on dynamic and complexity of energy – saving investment about multichannel and multienergy supply chain [J]. Complexity, 2020, 20: 2409636.

[61] 王琦玮，赵刘威，梅强等．双寡头 Bertrand 博弈模型动态分析与混沌控制 [J]．统计与决策，2017，0 (21)：38 – 41.

[62] 于淼，马军海．双渠道回收闭环供应链演化博弈复杂性与控制 [J]．复杂系统与复杂性科学，2017，14 (02)：65 – 74.

[63] 高飞，曹文静．三维供应链分数阶差分博弈模型的动力学分析 [J]．计算机工程与应用，2018，54 (02)：246 – 252.

[64] 王玥，陈洪转．主制造商供应商协同合作最优定价决策博弈与混沌分析 [J]．动力学与控制学报，2018，16（05）：473－479.

[65] 黄志强，何建佳，郭韵．考虑决策周期影响的离散契约供应链动力学行为 [J]．系统管理学报，2019，28（04）：771－776.

[66] 宫庆彬，杨哲．有限理性下序贯价格竞争的动态演化 [J]．中国管理科学，2020，28（04）：186－194.

[67] 董海，徐德珉．三渠道回收模式下闭环供应链混沌控制研究 [J]．复杂系统与复杂性科学，2020，17（01）：55－61.

[68] Long H, Liu H, Li X, et al. An Evolutionary Game Theory Study for Construction and Demolition Waste Recycling Considering Green Development Performance under the Chinese Government's Reward－Penalty Mechanism [J]. International Journal of Environmental Research and Public Health, 2020, 17 (17): 6303.

[69] Fehr E, Gächter S. Altruistic punishment in humans [J]. Nature, 2002, 415 (6868): 137－140.

[70] Dreber A, Rand D G, Fudenberg D, et al. Winners don't punish [J]. Nature, 2008, 452 (7185): 348－351.

[71] Herrmann B, Thoni C, Gachter S. Antisocial Punishment Across Societies [J]. Science, 2008, 319 (5868): 1362－1367.

[72] Rand D G, Dreber A, Ellingsen T, et al. Positive Interactions Promote Public Cooperation [J]. Science, 2009, 325 (5945): 1272－1275.

[73] Yalabik B, Fairchild R J. Customer, regulatory, and competitive pressure as drivers of environmental innovation [J]. International Journal of Production Economics, 2011, 131 (2): 519－527.

[74] Timilsina G R, Pargal S. Economics of energy subsidy reforms in Bangladesh [J]. Energy Policy, 2020, 142: 111.

[75] Chen Z, Fan Z. Improvement strategies of battery driving range in an electric vehicle supply chain considering subsidy threshold and cost misreporting [J]. Annals of Operations Research, 2020: 1-25.

[76] Leepa C, Unfried M. Effects of a cut-off in feed-in tariffs on photovoltaic capacity: evidence from Germany [J]. Energy Policy, 2013, 56: 536-542.

[77] Huang J, Leng M, Liang L, et al. Promoting electric automobiles: supply chain analysis under a government's subsidy incentive scheme [J]. IIE transactions, 2013, 45 (8): 826-844.

[78] Wesseh P K, Lin B, Atsagli P. Environmental and welfare assessment of fossil-fuels subsidies removal: a computable general equilibrium analysis for Ghana [J]. Energy, 2016, 116: 1172-1179.

[79] Zhao X, Luo D, Lu K, et al. How the removal of producer subsidies influences oil and gas extraction: a case study in the Gulf of Mexico [J]. Energy, 2019, 166: 1000-1012.

[80] Hartono D, Komarulzaman A, Irawan T, et al. Phasing out energy subsidies to improve energy mix: a dead end [J]. Energies, 2020, 13 (9): 2281.

[81] Oecd. OECD Reviews of Innovation Policy: South Africa 2007 [M]. 2007.

[82] Flanagan K, Elvirauyarra, Laranja M. Reconceptualising the "policy mix" for innovation [J]. Research Policy, 2011, 40 (5): 702-713.

[83] Guerzoni M, Raiteri E. Demand-side vs. supply-side technology policies: Hidden treatment and new empirical evidence on the policy mix [J]. Research Policy, 2015, 44 (3): 726-747.

[84] Lhuillery S, Marino M, Parrotta P. Evaluation de l'impact des aides directes et indirectes à la R&D en France [R]. Paris: Rapport pour le Ministère de l'Ensegnement Supérieur et de la Recherche, 2014.

[85] Howlett M, Vince J, Río P D. Policy Integration and Multi - Level Governance: Dealing with the Vertical Dimension of Policy Mix Designs [J]. Politics and Governance, 2017, 5 (2): 69 - 78.

[86] Merino - Saum A, Baldi M G, Gunderson I, et al. Articulating natural resources and sustainable development goals through green economy indicators: A systematic analysis [J]. Resources Conservation and Recycling, 2018, 139: 90 - 103.

[87] Li L. China's manufacturing locus in 2025: With a comparison of "Made - in - China 2025" and "Industry 4. 0" [J]. Technological Forecasting and Social Change, 2018, 135: 66 - 74.

[88] Rennings K, Rammer C. The Impact of Regulation - Driven Environmental Innovation on Innovation Success and Firm Performance [J]. Industry and Innovation, 2011, 18 (3): 255 - 283.

[89] Meng Q, Wang Y, Zhang Z, et al. Supply chain green innovation subsidy strategy considering consumer heterogeneity [J]. Journal of Cleaner Production, 2021, 281: 125 - 199.

[90] Jung S H, Feng T. Government subsidies for green technology development under uncertainty [J]. European Journal of Operational Research, 2020, 286 (2): 726 - 739.

[91] 杨晓辉，游达明. 考虑消费者环保意识与政府补贴的企业绿色技术创新决策研究 [J]. 中国管理科学，2021：1 - 12.

[92] 周艳菊，胡凤英，周正龙. 零售商主导下促进绿色产品需求的联合研发契约协调研究 [J]. 管理工程学报，2020，34 (02)：194 - 204.

[93] Dai R, Zhang J, Tang W. Cartelization or Cost - sharing? Comparison of cooperation modes in a green supply chain [J]. Journal of Cleaner Production, 2017, 156: 159 - 173.

[94] Hong Z, Guo X. Green product supply chain contracts considering environmental responsibilities - ScienceDirect [J]. Omega, 2019, 83: 155 - 166.

[95] 刘名武，刘亚琼，付巧灵. 关税、权力结构与消费者偏好下的绿色供应链决策研究 [J]. 中国管理科学，2021: 1 - 12.

[96] Li B, Zhu M, Jiang Y, et al. Pricing policies of a competitive dual - channel green supply chain [J]. Journal of Cleaner Production, 2015, 112 (20): 2029 - 2042.

[97] 盛光华，张志远. 补贴方式对创新模式选择影响的演化博弈研究 [J]. 管理科学学报，2015，18 (09): 34 - 45.

[98] 单汨源，刘超，刘小红. 政府创新补贴对零售商双渠道供应链的影响研究 [J]. 华东经济管理，2016，30 (09): 120 - 124.

[99] Charnes A, Cooper W W, Rhodes E. Measuring the efficiency of decision making units [J]. European Journal of Operational Research, 1978, 2 (6): 429 - 444.

[100] Khodabakhshi M, Aryavash K. Ranking all units in data envelopment analysis [J]. Applied Mathematics Letters, 2012, 25 (12): 2066 - 2070.

[101] 温兴琦，程海芳，蔡建湖等. 绿色供应链中政府补贴策略及效果分析 [J]. 管理学报，2018，15 (04): 625 - 632.

[102] Ghosh D, Shah J. Supply chain analysis under green sensitive consumer demand and cost sharing contract [J]. International Journal of Production Economics, 2015, 164: 319 - 329.

[103] Bertinelli L, Camacho C, Zou B. Carbon capture and storage and transboundary pollution: A differential game approach [J]. European Journal of Operational Research, 2014, 237 (2): 721 - 728.

[104] Plambeck E L. Reducing greenhouse gas emissions through operations and supply chain management [J]. Energy Economics, 2012, 34: 64 - 74.

[105] Zhang Q, Tang W, Zhang J. Green supply chain performance with cost learning and operational inefficiency effects [J]. Journal of Cleaner Production, 2016, 112: 3267 -3284.

[106] Bhaskaran S, Krishnan V. Effort, Revenue, and Cost Sharing Mechanisms for Collaborative New Product Development [J]. Management Science, 2009, 55: 1152 -1169.

[107] Zhai M, Liu M, Fu H, et al. A Multinational Green Supply Chain Model Suffered to Import Tariff [J]. Mathematical Problems in Engineering, 2020, 20: 8946024.

[108] Song J, Chutani A, Dolgui A, et al. Dynamic innovation and pricing decisions in a supply - Chain [J]. Omega, 2021, 103: 102423.

[109] Guo D, He Y, Wu Y, et al. Analysis of Supply Chain under Different Subsidy Policies of the Government [J]. Sustainability, 2016, 8: 129012.

[110] Fu J, Chen X, Hu Q. Subsidizing strategies in a sustainable supply chain [J]. Journal of the Operational Research Society, 2018, 69 (2): 283 -295.

[111] 尚春燕，关志民，米力阳．考虑双重消费偏好的绿色供应链政府补贴策略分析 [J]. 系统工程，2020，38 (05)：93 -102.

[112] Bouma J A, Verbraak M, Dietz F, et al. Policy mix: mess or merit? [J]. Journal of Environmental Economics and Policy, 2019, 8 (1): 32 -47.

[113] Zhou Y, Hu F, Zhou Z. Pricing decisions and social welfare in a supply chain with multiple competing retailers and carbon tax policy [J]. Journal of Cleaner Production, 2018, 190: 752 -777.

[114] Liu X, Li N, Mu H, et al. Techno - energy - economic assessment of a high capacity offshore wind - pumped - storage hybrid power system for regional power system [J]. Journal of Energy Storage, 2021, 41: 102892.

[115] Kalyanmoy D, Amrit P, Sameer A, et al. A fast and elitist multiobjective genetic algorithm: NSGA - Ⅱ [J]. IEEE Transactions on Evolutionary Computation, 2002, 6 (2): 182 - 197.

[116] Xu Z, Wang Y, Teng Z, et al. Low - carbon product multi - objective optimization design for meeting requirements of enterprise, user and government [J]. Journal of Cleaner Production, 2015, 103: 747 - 758.

[117] Lee Y, Kim C, Shin J. A hybrid electric vehicle market penetration model to identify the best policy mix: A consumer ownership cycle approach [J]. Applied Energy, 2016, 184: 438 - 449.

[118] De Blasio G, Fantino D, Pellegrini G. Evaluating the impact of innovation incentives: evidence from an unexpected shortage of funds [J]. Industrial and Corporate Change, 2014, 6 (24): 1285 - 1314.

[119] 王风云. 我国可再生能源电价补贴及优化研究 [J]. 学习与探索, 2020 (03): 95 - 102.

[120] Friedman D. Evolutionary Game in Economics [J]. Econometrica, 1991, 59 (3): 637 - 666.

[121] 王伟, 张卓. 创新补贴、失败补偿对企业绿色创新策略选择的影响 [J]. 软科学, 2019, 33 (02): 86 - 92.

[122] 梁喜, 付阳. 政府动态奖惩机制下绿色建筑供给侧演化博弈研究 [J]. 中国管理科学, 2021, 29 (02): 184 - 194.

附录　部分章节中相关数据

在第 3 章中，根据某个决策单元 DMU 相应的补贴系数（见表 3－4），通过求解不同补贴策略的决策模型，分别计算出对应的输入指标、输出指标值，附表 1 为具体数据。x_1、x_2分别表示批发价格、零售价格所在列的输入指标值，y_1、y_2、y_3、y_4分别表示绿色度、制造商利润、零售商利润、绿色价格绩效比所在列的输出指标值，则某个决策单元 DMU 对应的输入指标、输出指标值是 x_{ij}、y_{rj}，例如 x_{23}表示批发价格在第三个决策单元中的输入指标值 20. 250。

附表 1　　不同决策单元对应的输入指标、输出指标值

DMU	x_1	x_2	y_1	y_2	y_3	y_4
1	15. 799	19. 809	6. 367	120. 323	80. 432	0. 321
2	15. 851	20. 021	6. 985	125. 098	86. 941	0. 349
3	15. 898	20. 250	7. 670	130. 556	94. 694	0. 379
4	15. 941	20. 502	8. 438	136. 830	104. 014	0. 412
5	15. 977	20. 780	9. 306	144. 090	115. 344	0. 448
6	16. 008	21. 093	10. 298	152. 559	129. 301	0. 488
7	16. 031	21. 449	11. 445	162. 533	146. 761	0. 534
8	16. 047	21. 860	12. 791	174. 419	169. 010	0. 585

续表

DMU	x_1	x_2	y_1	y_2	y_3	y_4
9	16.051	22.344	14.395	188.784	197.997	0.644
10	16.043	22.925	16.344	206.452	236.790	0.713
11	15.662	19.606	5.916	120.557	77.778	0.302
12	15.563	19.597	6.051	126.117	81.366	0.309
13	15.442	19.586	6.216	133.076	85.856	0.317
14	15.295	19.572	6.416	141.789	91.477	0.328
15	15.117	19.556	6.659	152.734	98.538	0.341
16	14.900	19.536	6.954	166.577	107.469	0.356
17	14.636	19.512	7.314	184.259	118.877	0.375
18	14.313	19.483	7.755	207.159	133.651	0.398
19	13.912	19.447	8.301	237.360	153.136	0.427
20	13.410	19.401	8.986	278.138	179.444	0.463
21	16.001	20.002	6.671	120.019	80.025	0.334
22	16.265	20.397	7.549	123.970	85.381	0.370
23	16.542	20.814	8.475	128.136	91.216	0.407
24	16.843	21.264	9.475	132.638	97.738	0.446
25	17.173	21.760	10.577	137.598	105.184	0.486
26	17.544	22.316	11.813	143.157	113.855	0.529
27	17.966	22.949	13.220	149.491	124.153	0.576
28	18.455	23.683	14.852	156.832	136.647	0.627
29	19.033	24.550	16.778	165.502	152.173	0.683
30	19.731	25.596	19.102	175.960	172.010	0.746

在第4章中，分析了绿色度偏好水平、研发投入水平、初始成本、绿色度对成本的影响系数、有效性系数、衰减系数等系统参数对补贴效果的影响并给出了敏感性分析，附表2为具体数据。

附表2　θ=0.15时各参数的变化对政府补贴效果的影响

参数	范围	$x_{\infty}^{(\theta)}-x_{\infty}^{(\tau S)}$	$x_{\infty}^{(\varepsilon S)}-x_{\infty}^{(\theta)}$	$J_m^{(\tau S)}-J_m^{(\theta)}$	$J_m^{(\theta)}-J_m^{(\varepsilon S)}$	$J_r^{(\theta)}-J_r^{(\tau S)}$	$J_r^{(\theta)}-J_r^{(\varepsilon S)}$
γ	0.1	0.15679	0.10687	0.00156	0.00284	0.00048	0.00239
	0.15	0.15715	0.14480	0.00095	0.00342	0.00282	0.00295
	0.2	0.16571	0.17591	0.00040	0.00356	0.00577	0.00322
	0.25	0.18435	0.21225	-0.00020	0.00347	0.01030	0.00338
	0.3	0.21815	0.26582	-0.00108	0.00304	0.01864	0.00327
	0.35	0.27715	0.35839	-0.00229	0.00178	0.03697	0.00219
η	0.8	0.16571	0.17591	0.00040	0.00356	0.00577	0.00322
	1.2	0.11034	0.11271	0.00007	0.00220	0.00373	0.00193
	1.6	0.08276	0.08164	-0.00011	0.00164	0.00281	0.00142
	2	0.06598	0.06599	-0.00006	0.00123	0.00216	0.00106
	2.4	0.05498	0.05377	-0.00006	0.00104	0.00181	0.00089
	2.8	0.04708	0.04693	-0.00004	0.00084	0.00154	0.00072
c_0	0.25	0.12024	0.23245	0.00101	0.00621	0.00560	0.00562
	0.5	0.15931	0.21361	0.00085	0.00524	0.00676	0.00475
	0.75	0.16904	0.19476	0.00058	0.00436	0.00653	0.00395
	1	0.16577	0.17591	0.00038	0.00356	0.00579	0.00322
	1.25	0.15576	0.15706	0.00026	0.00283	0.00484	0.00257
	1.5	0.14201	0.13821	0.00015	0.00219	0.00389	0.00199
c_e	0.1	0.22809	0.22100	-0.00095	0.00343	0.01388	0.00340
	0.2	0.18911	0.19614	-0.00018	0.00355	0.00888	0.00334
	0.3	0.16571	0.17591	0.00040	0.00356	0.00577	0.00322
	0.4	0.15234	0.15688	0.00074	0.00351	0.00372	0.00308
	0.5	0.14569	0.13739	0.00111	0.00337	0.00215	0.00288
	0.6	0.14499	0.11527	0.00146	0.00303	0.00085	0.00255

续表

参数	范围	$x_\infty^{(\theta)}-x_\infty^{(\tau S)}$	$x_\infty^{(\varepsilon S)}-x_\infty^{(\theta)}$	$J_m^{(\tau S)}-J_m^{(\theta)}$	$J_m^{(\theta)}-J_m^{(\varepsilon S)}$	$J_r^{(\theta)}-J_r^{(\tau S)}$	$J_r^{(\theta)}-J_r^{(\varepsilon S)}$
λ	0. 5	0. 04117	0. 04095	0. 00001	0. 00073	0. 00133	0. 00062
	0. 6	0. 05936	0. 05947	0. 00001	0. 00108	0. 00194	0. 00093
	0. 7	0. 08100	0. 07995	0. 00002	0. 00160	0. 00271	0. 00139
	0. 8	0. 10596	0. 10799	0. 00002	0. 00209	0. 00360	0. 00184
	0. 9	0. 13420	0. 13909	0. 00017	0. 00276	0. 00460	0. 00246
	1	0. 16571	0. 17591	0. 00040	0. 00356	0. 00577	0. 00322
δ	0. 1	0. 52641	1. 08374	0. 00067	0. 01272	0. 02507	0. 01210
	0. 2	0. 27552	0. 35187	0. 00048	0. 00595	0. 01030	0. 00542
	0. 3	0. 16571	0. 17591	0. 00040	0. 00356	0. 00577	0. 00322
	0. 4	0. 11034	0. 10613	0. 00038	0. 00238	0. 00373	0. 00216
	0. 5	0. 07865	0. 07148	0. 00037	0. 00170	0. 00261	0. 00155
	0. 6	0. 05894	0. 05035	0. 00030	0. 00132	0. 00195	0. 00121

后　记

子在川上曰：逝者如斯夫，不舍昼夜。落笔致谢一刻，博士阶段终近尾声，我的心中充满了感激之情。在华科求学的数载，走过秋霜，走过艳阳，或有怅然，或有喜悦，此景此情是我一生的珍贵记忆。

这篇博士学位论文从拟题到全文撰写，得到了恩师黄卫来教授的悉心指导，感谢您提出许多宝贵意见。您独到的学术见解给我增添了充足的学术研究热情和信心，我一直庆幸在学途中有良师常伴。您也时常与我们分享工作和生活的经验，关注我们在学术之外的兴趣爱好，您朴实且乐观的人生态度令我愈加感受到师恩的浓厚。

感谢管理学院老师的培养之恩，对师母程海芳教授以及我的老师杨超教授、杨珺教授、秦虎教授等表示真诚的谢意，谢谢老师们无私传授学术经验，提供学术交流机会。同时，也感谢杨超教授、胡斌教授、赵学锋教授、蔡淑琴教授、武汉大学信息管理学院张敏教授、武汉理工大学管理学院张逸石教授等老师在论文选题、写作、答辩过程中给予的帮助和指导，在此表达我深深的谢意。

感谢实验室同门的陪伴，日常交流中带来的欢声笑语让我枯燥的学业生活平添几分色彩。感谢我的大师兄蔡建湖教授在论文研究过程中给予我的关心和帮助。感谢我的母校，校园里浓厚的学术氛围让我眷恋不舍。

感谢一直关爱我的父亲和母亲，在求学工作生涯中无论在物质还是精神上都给予我莫大鼓舞、信任与安慰。你们的养育之恩铭记于心，任何语言也无法表达我对你们的感激之情。感谢我的所有家人们，谢谢你们的支持和无私关爱。

作　者